京都の歩き方

歴史小説家50の視点

澤田瞳子

新潮選書

はじめに

日本中、いや世界中から多くの観光客が押し寄せる観光都市・京都は、同時に約百四十五万人が暮らす政令指定都市でもある。

そもそも京都が今日、多くの文化財を有し、長い歴史の痕跡を随所に留めているのは、この街が千年もの間、都であり続けた結果である。このためこの地が今日、観光地であると同時に多くの住民の暮らす都市として機能し続けている事実は、至極当然のなりゆきではある。ただ観光で訪れる方々がそんな「京都」になにを求めているかを考えるにつけ、生まれも育ちも京都で、今もこの街に暮らしているわたしの目には、観光地・京都と一地方都市たる京都の間にはさまざまな齟齬《そご》があるように見えてならない。

たとえば多くの観光客が「京都らしい」と感じる抹茶スイーツは、舞妓さんは、きらびやかな金閣寺は、京都市民の普段の生活からはいささか隔たりのある存在である。また「京都人はイケズ」「本心が見えない」というありがちな分類は、時に京都の住人へのレッテル貼りともなり、わたし自身、嫌な思いをしたことも数多い。だが京都を訪れる方は時に、「それが京都だ」と決めてかかり、我々の知らない「京都らしさ」を満喫する。もしかしたら京都を観光都市として消費する方々にとって、この地は一つの巨大なテーマパークであり、我々住人はそこを彩るキャストとして振る舞うことが求められているのかもしれない。

だが京都は千年の長きにわたって「都市」として在り続けたがゆえに、日本を代表する歴史と文化の集積地となった。つまり無数の人々の生活と観光地・京都は不可分であり、京都のありかたと歴史を知らずしてこの地を味わうことは、歴史や文化の表層をただ軽く撫でるだけの行為に過ぎない。

もちろん、歴史と文化のテーマパークたる京都は、その中に秘められた歳月の面白さを知らずとも、ある一定の「歴史らしさ」「文化らしさ」を与えてくれるだろう。だがせっかく、この街に触れるのだ。京都がなぜ今日の京都たり得ているかを知るだけでも、見える光景はまったく異なるものになるに違いない。

わたしは大学院時代は歴史研究の道を志し、二十代後半には京都市内の私立博物館で働きもしていた。現在はかつて身に着けた研究の手法を歴史小説の執筆に活かす一方で、母校の大学でアルバイト職員兼客員教授というなかなか不可思議な肩書きを得て、歴史・文化の知見に接することを日々心掛けている。

何となれば歴史とはそれ自身は過去の産物ではあるが、その分析や研究方法は日々進化を続けている。それだけに京都に生まれ育ったわたしから見ても、京都という土地は日々新しい顔を見せ続け、こちらが必死に食らいついていかねば、いつの間にかまったく違う姿へと変貌してしまいそうな得体の知れなさがある。

そして、観光都市と地方都市、そのはざまにぷかぷかと浮かび、多くの人を魅了し、翻弄する千年の都・京都とは何かを問うことは、歴史とは何か、ひいてはわれわれ自身とは何かという問いにもつながる。本書がそんな模索へと踏み入る、細い散歩道となれば幸いである。

目次

冬

春

夏

京都の歩き方

歴史小説家50の視点

秋

紅葉シーズンの神護寺

1　京都人の「京都」を探して

意外と思われるかもしれないが、京都に暮らす人間は、「京都」を持たない。この場合の「京都」は、春の桜、秋の紅葉で名高い観光地であり、舞妓や芸妓、有名な寺社に代表される文化、抹茶スイーツを始めとする美味など、様々な側面から楽しむことのできる有名観光地「京都」の意味だ。

わたしは生まれた京都にそのまま根を下ろし、四十数年。その間、いろんな地域の方から、「年に一度は京都に行くんです」「京都が大好きで、暇があると出かけていて」という言葉を何度もうかがった。今の恋人との初旅行は京都だった、結婚式は京都の神社で挙げた……などのほほえましいエピソードも幾度となく聞き、正直その都度、「いいなあ」と思った。

なぜなら京都に暮らす者にとって、市内の観光スポットは「混雑するから、なるべく近づかないようにしよう」という場所だからだ。桜や紅葉は確かに美しいが、普段とは比べ物にならぬほど多くの人が国内はおろか世界中からお越しになるため、「あまり外に出ないでおこう」と考える。

わたしの実家は銀閣寺のそばで、学生時代はバスで通学をしていた。ゆえに、銀閣寺の付近を起点とする哲学の道の桜が美しい季節は大変だった。下校時のバスは大混雑で、待っても待っても乗せてもらえず、しかたがないので歩いて帰る羽目になる。これは有名社寺の近所に住む級友に共通した悩みで、そうでなくとも荷物の多い新学期を毎年恨めしく思った。

ちなみに観光シーズンまっただ中は市内道路も混んでいるので、いつ乗れるか分からぬバスで移動するより、歩いた方が早い時も珍しくない。銀閣寺から京都駅までであれば、徒歩でだいたい一時間半。観光シーズン、ぎゅうぎゅう詰めのバスに一時間以上揺られることを思えば、ぜひ散策かたがた歩くことをお勧めしたい。

そう、至極当然だが、住む者が経験する京都は、旅行者が堪能する街とは、表情が異なる。だから京都以外の人々が話す「京都」が、わたしはとてもうらやましい。「今年も桜は京都で見なきゃと思って」というお話をうかがうたび、「京都」を旅先に持たない我が身が、大変な損をしているように思われてくる。ああ、わたしも「京都」旅行がしたい！

ただ京都が観光地なのは、近年に限った話ではない。室町時代に成立した能楽の詞章を読むと、京都に観光に来た人物がしばしば登場する。一例として、「東北《とうぼく》」なる謡曲を見てみよう。これは平安時代の女流歌人・和泉式部の霊が、東北院という寺のいわれを語る曲だが、副主人公である僧は、「我いまだ都を見ず候ふほどに、この春、思い立ち都に上り候（自分はまだ都を見たことがないので、この春に思い立って京都へ行きます）」と自己紹介している。

更に時代が下り、泰平の世とされる江戸時代になると、経済の安定と街道の整備により、旅をする人々は全国的に急増する。そんな中、寺社が多く、各藩の京屋敷が置かれていた京都は庶民・武家を問わず、人気の旅行先。十七世紀以降には京都各地の名所案内——つまりはガイドブックが、次々刊行される。中でも宝永五年（一七〇八）に出版された『京内《きょううち》まいり』という書物などは、洛中の社寺を三日間で回るおすすめコースを記しているから、本当に今日のガイドブックと変わりがない。だとすれば当然、今のわたしのように、江戸時代の京都の人間も「京都旅行がしてみたい！」と思っていたのではと想像するが、さてどうだろう。

「京都人」失格

ところで小説家・葉室麟《はむろりん》さんがかつて、「週刊新潮」に「古都再見」というエッセイを連載なさった。『蜩ノ記《ひぐらしのき》』で直木賞を受賞された葉室さんは、二〇一五年二月から京都に仕事場を構えられ、その日々を同年から翌年までの一年半にわたって綴られたのが「古都再見」だった。

わたしは出版社の仲立ちで葉室さんとご縁が出来、結果的に晩年となられてしまった約三年間、時には大阪在住の小説家・朝井まかてさんも交えて、しばしば酒席を共にした。福岡生まれ、福岡育ちの葉室さんにとって、生まれも育ちも関西の女たちはかなりインパクトのある存在だった模様だが、ある時ぼそりと、「来る時は泣いて帰るかもって思ったんだよなあ」と呟かれたことがある。

「京都の人間はそんなに怖いと思ってました？」

と尋ねるとあっさりうなずかれ、「穏やかな葉室さんまでがそんなことを！」と、わたしはショックを受けた。

——京都人は怖い。京都人は意地悪。

これはもう一般常識であるかのように語り継がれている話で、インターネットで「京都人」と検索すると、関連用語に「冷たい」「いじめ」「関わりたくない」と出て来るほどだ。

そのせいだろう。わたしもこれまで関西以外のご出身の方を、「今度、○○に行きましょう」と誘った途端、「京都人は口先だけだからなあ」「どうせ本音ではそう思っていないんでしょ?」と言われたことが幾度もある。そんなことないと言えば言うほど、「またまた。京都人は思ってもいないことを言うから」と笑われる。先方は冗談半分かもしれないが、出身地だけでこうもレッテル貼りをされると、こちらはいじめられている気分になる。

なにせ大学の多い京都は人の出入りが激しい街で、「何百年も前から代々京都暮らし」という方から、「親が京都で出会って結婚したので、京都生まれ京都育ち」というわたしのような人間、「京都の大学に入り、そのままここに」という方まで、多様な「京都人」がいる。それらをすべて冷たい京都人とくくるのは極端すぎる。

ただ、最近わたしは思うのだ。京都在住者の気性をひとまとめに理解し、それを誰もがイジって憚《はばか》らぬのは、多くの方がこの街を生きた人間の暮らす一地方都市ではなく、テーマパークに近い場所と考えているためではないか、と。だとすればわたしも期待される京都人らしい物言いを身につけるべきかもしれないが、残念ながら根が直截《ちょくせつ》に過ぎるので、ついつい思ったままを口に出す。そう、わたしは間違いなく「京都人」失格だ。しかしだからこそ見えるものもあるだろう。というわけで、街のそこここに見え隠れする「歴史のしっぽ」を追う散策に、いざ出かけてみよう。

2 東寺のコーラ

ドラマやドキュメンタリー番組を見ると、京都をイメージさせる光景として、しばしば五重塔が映る。京都府の自動車の地方版図柄入りナンバープレート――いわゆる「ご当地ナンバー」にも描かれているので、どうも五重塔は京都らしさを表現するシンボリックな存在らしい。

京都市内の五重塔の中でも、新幹線から見える東寺《とうじ》の塔は高さ約五十五メートル。日本でもっとも高い木造建築だ。それゆえ過去には幾度となく落雷等の被害に遭い、現在の塔は江戸時代初期に再建された五代目。中心部には、真言宗の開基にして嵯峨天皇より東寺を下賜《かし》された弘法大師空海が留学先の唐から持ち帰った仏舎利《ぶっしゃり》が納められている。

それにしても歴史の教科書に登場する僧侶の中で、空海ほど逸話が多く、今なお人々に親しまれている人物はいないだろう。空海はしばしば、同時代に生きた天台宗の開基・伝教大師最澄と並び称されもするが、僧侶としてのスタートはまったく違う。

空海は元は、讃岐（現在の香川県）の地方役人の息子。早くに都に出て、役人となるべく勉強を始めるが、十九歳になった頃、なぜか突如、都を離れて仏法の修行に身を投じる。そして三十一歳で遣唐使に加わって唐に入り、約二年の勉学を積む。

これに対し、近江（滋賀県）出身の最澄は、一説に七歳で仏道を志したエリート僧。十九歳で京都の東北にそびえる比叡山に籠り、都の貴族から厚い崇敬を受けた結果、空海と同じ遣唐使一行として唐に渡る。ただ彼は空海のような長期留学僧《るがくそう》ではなく、還学生《げんがくしょう》という短期滞在僧に選ばれており、唐滞在は半年余り。その間に集められるだけの経典を集めて帰りの船に乗るあわただしい留学だった。

帰国後、二人はそれぞれ独自の宗教観のもと、真言宗と天台宗を開く。両者は一時期は互いに学び合い、経典の貸借なども行うが、やがて関係はこじれ、最澄は都にほど近い比叡山に、空海は紀伊半島の中心部に位置する高野山に本拠地を置く。

わたしはかれこれ十年ほど昔に高野山を訪れた折、奥之院の御廟《ごびょう》という場所に参拝した。空海は今なおここで瞑想を続けていると考えられており、一日二回、僧侶たちがそんな彼に捧げる食事を運んでくる。

時間の関係で、残念ながら食事を捧げる儀式には立ち会えなかった。ただ御廟の前には一般の信者がお供えした様々な食べ物飲み物も並んでおり、その中の一つにわたしの目は釘付けとなった。真っ赤なパッケージが目を惹《ひ》く、コカ・コーラの一リットルペットボトルだった。

（空海はコーラを飲みそうだな）

と、ふと思った。同時に最澄は勧められても断固として断りそうな気がした。

「それっぽい」はどこから来るか

不思議なもので、決して会ったことがない相手にもかかわらず、我々はごく自然に、空海はおおらか、最澄はいささか神経質といったイメージを有している。それは役人となる平凡な人生からドロップアウトした空海と、幼い頃からエリート僧であり続けた最澄の経歴の違いや、両名の著作、更には全国に残る空海にまつわる伝説などから、日本人が長い歳月をかけて共有するに至った人物像だろう。ちなみに昭和五十九年（一九八四）公開の佐藤純彌監督の映画『空海』では、若き日の北大路欣也が空海を、加藤剛が最澄を演じており、これまた一般的な二人のイメージに近い。なおわたしはと言えば、この二人の気性には「空と海」と「最も澄んでいる」という法名をつい重ね合わせてしまう。

先日も取材で赴いた長崎県五島列島で、思いがけず両名について考えさせられた。かつて東シナ海経由で大陸に渡った遣唐使にとって、五島列島は重要な中継地。中でも列島南部の福江島は最後の停泊地で、島北西部の岬には空海の漢詩集『性霊集《しょうりょうしゅう》』の一句「辞本涯《ほんがいをじす》」の語が刻まれた碑と、空海の石像が立っていた。空海とまったく同じタイミングで最澄も唐に渡ったにもかかわらず、そちらについての言及は皆無だった。いやはや、空海は本当に人気者だ。

しかも、まんじゅう笠をかぶり、錫杖《しゃくじょう》を手にした空海像の足元を見れば、一口サイズの缶ビールがお供えされている。僧侶に酒はあかんやろ、とツッコミかけて、「いや、空海ならこれも飲むかも」とまたも思い直した。

これで岬に佇む石像が最澄だったなら、誰もコーラや酒をお供えすまい。空海と最澄という二人に対する眼差しの違いを、意外な場所で改めて突きつけられた。

思えば我々が歴史上の人物に対して抱くイメージは、身近な先入観から生まれていることも多い。たとえば我々はしばしば、坂本龍馬を強い土佐弁でしゃべる人間だと想像しがちだ。ただ龍馬＝土佐弁のイメージは、一九六〇年代に刊行された司馬遼太郎の長編『竜馬がゆく』が根付かせ、広めたもので、実際に彼がどんな言葉をしゃべっていたかは判然としない。しかし土佐弁を話す龍馬像が一般的となっている今、我々は標準語を用いる龍馬を目にすると、どうしても違和感を覚えてしまう。

空海の人物像とて同様で、彼が酒を——ましてやコーラを飲む人物だったかなぞ、分かりはしない。しかし我々はすでに存在する歴史のイメージから「それっぽい」空海像を思い浮かべ、荒海目がけて出帆する遣唐使船に空海を重ね合わせずにはいられない。最澄のことも、少しは思い出してあげてもよかろうに。

ちなみに前出の「京都っぽい」イメージをもたらす五重塔は、東京都内にも複数ある。いや、建立年代にこだわらずに数えれば、五重塔そのものの数は、むしろ京都府内より東京都内の方が多いほどだ。だが塔に和のイメージを抱く我々は、どうしても高くそびえるその姿に長い歴史をもつ京都を重ね合わせるらしい。

そうなると、和風の本質とは何なのか。京都らしさとは、何か。我々は京都に何を重ねているのか。普段、漠然と受け止めている出来事に、改めて首をひねってしまう。

3　白峯神宮にサッカー神のおわす

小さい頃から癖字《くせじ》がひどく、今でもコンプレックスがある。大学時代に親しい教授から、「学生のレポートは提出者が分かることで採点がブレないよう、名前を隠して読むんだよ。けど君のレポートは字に癖がありすぎて、すぐに誰だか分かって困る」と苦笑されたほどだ。しかもわたしが大学を出た前後から、世間ではパソコンが著しく普及し、筆やペンで書き物をする機会は激減した。そんなわけで結局、矯正をしないまま、今に至っている。

そんなわたしにとってうらやましいことに、世の中には字の上手として歴史に名を残した人々がいる。その代表は、平安時代の空海・橘逸勢《はやなり》・嵯峨天皇のいわゆる「三筆」、その後に続く小野道風《とうふう》・藤原佐理《さり》・藤原行成《こうぜい》の「三蹟」。それ以外にも「書の三聖」というくくり方もあり、そこでは空海・菅原道真・小野道風の三人が書の上手とされている。

彼らはいずれも平安時代初期から中期に生きた人々。中でも抜群の知名度を誇るのは、弘法大師とも称される空海と、大宰府に左遷された後、怨霊となって都に戻り、現在は学問の神さまとして厚い崇敬を受ける菅原道真だろう。ただここに列記した書の上手の中で、菅原道真は他の能書と特に違う点がある。それは世の中には、道真が間違いなく書いたと分かっている書き物が残っていないことだ。空海を始め、三筆・三蹟らの記した書が発見され、様々な博物館に納まって大半が国宝に指定されているのとは、ずいぶんな違いだ。

念のために記せば、「伝・菅原道真」とされる断簡はあるにはあるのだ。ただそれらはあくまで「伝」に過ぎず、これが確実に道真筆だとの証明はされていない。

京都の北野天満宮は全国の天神社・天満宮の総本社にして、多くの修学旅行生が受験合格祈願に訪れる場所。ここでは毎年正月の二日から四日にかけて、天満書という行事が行われる。参拝者が書道の上達を願い、ご神前で書初めをして奉納するもので、わたしも幼少時、何度も参加した。だがそんなわたし自身、大人になるまで、現代人の誰も道真の真筆を見ていないことには気づきもしなかった。にもかかわらず、道真は学問の神さまというご利益を前にすると、つい字は上手だったはずと信じてしまうから面白い。

全国には約八万社の神社があり、祀られている神さまも多種多様だ。古くから多くの信仰を集めてきたそれらに接する時、我々はついその歴史に自分の見たいものや思い込みを重ね合わせるのかもしれない。

もっとも道真の書いたものが残っていないからと言って、決して現実の彼が書の上手でなかったと断言できないのもまた事実。なにせ道真が生きた平安時代、書は貴族階級に必須の教養だった。ましてや菅原氏は代々学者の家柄で、他の貴族から文章の代作を頼まれる折も頻繁だった。ならば当然、道真も書は得意であったと推測するのは、無理な話ではない。平安時代末期に記された日本初の書道理論書『夜鶴庭訓抄《やかくていきんしょう》』には、「空海・道真・道風を三聖とする」との一文があるので、彼が書の上手との認識はもう千年も昔からのものと分かる。

ご利益は時代を映す

ところで北野天満宮から東に歩いて三十分ほどの場所に、白峯《しらみね》神宮という神社がある。創設は明治元年（一八六八）。京都では比較的新しいが、孝明天皇・明治天皇によって創建された社格の高い神社だ。個人的な話をつけ加えると、お金のない院生時代、わたしはこの隣にある酒のディスカウントストアで手土産の安酒を買い、後輩の下宿に転がり込んでしゃべり明かすのがお決まりコースだった。

白峯神宮の主祭神は淳仁上皇と崇徳上皇。二人は共に政争に敗れた人物で、淳仁上皇は奈良時代末期に現在の兵庫県淡路島に、崇徳上皇は平安時代末期に香川県へそれぞれ配流され、都に戻ることなく亡くなった。社名「白峯」は、とりわけ崇徳上皇の陵墓・白峯陵から神霊を迎えたことにちなむ。なお江戸時代後期の文人・上田秋成が記した怪異小説集『雨月物語』には、「白峯」なる章があり、これはかつて崇徳上皇に仕えていた歌人・西行法師が旧主の菩提を弔おうと香川を訪れ、上皇の霊に会う話だ。

この白峯神宮は、現在の京都ではスポーツ、ことに蹴鞠《けまり》の神さまを祀ることで名高い。球を足で蹴る共通点から、サッカー選手もしばしば訪れるという。そのため院生時代のわたしは恥ずかしながら、崇徳上皇は蹴鞠がお得意で、だから白峯神宮といえば球技なのだと信じていた。

だが本当は、崇徳上皇と蹴鞠に直接の関係があるわけではない。白峯神宮創建以前、この地には飛鳥井《あすかい》家という公家の屋敷があった。飛鳥井家は長らく蹴鞠を家職としており、邸内には鞠の精を祀った社《やしろ》も鎮座していた。この社は神宮創建後も引き続き境内に祀られ、結果、白峯神宮そのものが蹴鞠の神さまのおわす場所として認められるようになったのだ。なまじ崇徳上皇や淳仁上皇に菅原道真のような特徴がなかった分、思わぬご利益を引き受けたとも言える。

ただ先日、一九七〇年代後半に発行されたある雑誌を見ていたら、全国の神社の中で特にご利益ある神社を取り上げる特集で、「芸術家をめざすには白峯神宮」と記されていた。「古来から芸術の神さまと言われ、絵画や習い事」が上手になるご利益がある――とのこと。はて、このご利益はいったい何に由来しているのだろう。昭和六十三年（一九八八）刊行の高橋克彦氏の伝奇小説『蒼夜叉』では、この神社のご利益を球技上達と述べているので、ごく短い期間だけ語られた話ではと思うのだが。

このご利益の由来が判明すれば、七〇年代の人々が白峯神宮に何を重ね合わせていたのか分かるかもしれない。少し腰を据えて調べてみたい。

4 宣長・将門の京都青春記

ある夜、京都の繁華街の一つ、木屋町《きやまち》三条の歩道で、道幅いっぱいに広がって歩く大学生数人と方角が一緒になった。飲み会の帰りらしい。皆おしゃべりに忙しいため歩みは遅く、後ろを歩くわたしに気づく様子はない。七、八年前なら、苛々《いらいら》したかもしれない。だがこの時感じたのは、「かつてが戻ってきたんだなあ」という懐かしさだった。

京都府は人口十万人あたりの大学の数が一・三三校と、日本一大学が多い都道府県だ。名だたる有名大学がひしめく東京で一・〇三校、全国平均は〇・六五校というから、いかに街の規模の割に大学が多いか分かるだろう。当然、市街地では始終、学生グループと行き合うし、春の入学シーズン、年度末の卒業シーズンの盛り場はコンパの学生でいっぱいだ。

ただ新型コロナ感染症が流行しだした二〇二〇年春以来、各大学はオンライン講義を始め、街角から学生の姿は消えた。わたしがわいわいと騒ぐ学生たちを懐かしく思ったのは、学生の減った京都の街をどうやら自分でも思いがけぬほど寂しく感じていたためらしい。

とはいえ京都に若者が多いのは、現在に限った話ではない。たとえば江戸時代、政治の中心は江戸に移っていたが、天皇のおわす京都は様々な最先端の知識が学べる街として全国に名を轟かせていた。医学分野では朝廷付きの御典医を中心に、多くの医師が私塾を構えたし、儒学や歌学、和学といった学問、更には絵画を始めとする芸術を学びに来る若人も多かった。

後に国学者として名を馳せる本居宣長もそんな若者の一人で、彼は二十三歳の春から五年間、医術の研鑽のために京都に滞在している。ここで医学・漢学とともに国学に触れた経験が、後の国学者たる宣長を作る素地となっており、そんな京都の日々を彼は『在京日記』という記録に残した。ただこの日記は日々の研鑽より、四季の行楽や京都の歳時記、はたまた祭や芝居見物などといった楽しい出来事に多く紙幅が費やされている。一読すると「本当に勉強していたの?」とツッコミを入れたくなるほどだ。

たとえばある年の大晦日について宣長は、「日が暮れると住まいに近い四条室町《むろまち》では、店々が門口に燈明を点し、それがしめ飾りに映って輝いていた」と大変美しく記述している。ただ江戸時代の大晦日といえば、ほうぼうの商家は取引先からの集金に追われ、客の側はどうにか一年間の決算を免れようと必死だった日だ。

実は当時の宣長は、養子先からの離縁や生家の没落といった不遇を経《へ》、起死回生の策として医者修業をしていた。ゆえにその生活は、悠々自適からは程遠かったらしい。伊勢国松坂に残った母親が彼に送った手紙には、宣長の背丈に合わなかったり、つぎはぎのある着物を差し入れると の記述がなされている。そんな乏しい仕送り頼りに学問を続けていたとなれば、当然、宣長の年越しもまた決して穏やかではなかったはず。しかしそういった苦労は、彼の日記にはない。ほうぼうの商家に早くも飾られた鏡餅を眺め、日が暮れると祇園社(現在の八坂神社)に参詣する宣長の姿はまるで、ひと時の京都暮らしを積極的に楽しもうとする現在の大学生のよう。京都の暮らしに、宣長は様々な夢を託していたのだろう。

比叡山の「将門の野望岩」

本居宣長の時代から千年近くも遡った平安時代には、地方豪族の子弟が京都に来る例もあった。もともと日本では奈良時代以降、地方豪族の子弟が都に上り、武官として勤務するというシステムが存在した。これが平安時代に入ると、彼らは都で官職を得るとともに、藤原氏など政治の中枢にいる公卿と個人的な縁故を結ぶようになった。勤めを辞して帰った郷里でトラブルが発生した時には、都で築いた人的ネットワークを頼りに解決に当たりもした。

そんな人々の中でもっとも有名なのが、東京・神田明神の御祭神としても知られる平将門だ。彼は十代の頃に京都に出て、当時の有力者の一人・藤原忠平《ただひら》と関わりを持った。都ではこれといった出世をしなかった将門は早くに郷里たる坂東に帰り、その後、親類と土地争いを起こす。果ては国府（現在の県庁舎）を焼き払ったことにより、都から謀叛人と見なされる。将門の乱からさして日が経っていない頃に書かれた軍記物語『将門記《しょうもんき》』によれば、この際、将門は摂政の任についていた藤原忠平に戦の経緯をしたためた手紙を送り、「こんな戦を起こしたのは申し訳なく思っており、決して忠平さまへの忠義を忘れたわけではない」と言い訳をしている。

将門は結局この後、いとこである平貞盛らに討ち取られる。その貞盛もまた早くから都に上り、こちらは武官として順調な出世を重ねていた男。将門を破った後にも多くの都の公卿とよしみを通じ、平家繁栄の基礎を築いた。あえて現代流に考えれば、地方から都会の大学に出てきた後、卒業と同時に地元に帰ったのが将門で、そのまま都会で就職したのが貞盛と言い換えられるだろうか。

ところで京都盆地の東北、天台宗総本山・延暦寺のある比叡山の一角、ガーデンミュージアム比叡という庭園に、将門岩と呼ばれる巨岩がある。四季の花々に囲まれ、うっかりすると見落としそうなこの岩は、かつて平将門が後に西国で乱を起こす藤原純友《すみとも》とともに、お互いの野望を語り合った場と伝えられる。無論これはあくまで伝承で、将門と純友が知り合いとの確かな証拠はないし、二人は呼応して乱を起こしたわけでもない。ただ比叡山から見下ろす京都盆地の光景は雄大で、なるほど都に集った人々の青春を重ね合わせるにはぴったりだ。もしかしたらそんな伝承を最初に考えた人もまた、京都に日を過ごしたことのある、かつての若人だったのかもしれない。

5 鹿はナマに限る？——危ない生食の古代史

ここ数年、奈良県明日香村で稲作をしている。田んぼ保全のオーナー事業の一環として十メートル四方ほどの田をお借りし、インストラクターの方々の指導のもと、ほぼ手作業での農作業に挑戦中だ。

二〇二二年の収穫量は、玄米にして六十キロ近く。無謀にも二人で挑んだ稲刈りは日が傾いても果てが見えず、他のオーナーさんたちの助けを受けてかろうじて終わったが、これほどの量は我が家だけでは食べきれない。ほうぼうにおすそ分けし、朝の食事もパンから米飯に切り替え、丸一年がかりで消費しきった。

その翌年は本書連載時の挿絵を描いて下さった画家・村田涼平さんご一家を始め、友人・知人が複数手伝いに来てくれた一方で、収穫量は前年の半分以下だった。原因は鹿だ。周辺に電気柵を巡らしているにもかかわらず、鹿が幾度となく田に入り、稲苗の育成期には柔らかい茎葉を、稲が実り始めてからは稲穂を食べてしまったためだった。

近年、獣の害は日本各地でおびただしく、東北・北海道など各地でクマ被害も相次いでいる。それに比べれば鹿の害は人命を直接脅かすものではないが、二〇二三年に農林水産省が発表したデータでは、令和四年（二〇二二）度の農作物被害・約百五十六億円の中で、鹿害は約六十五億円と四割を占めるという。

わたしが通う明日香村は、奈良県のほぼ中央。日本最初の女帝・推古天皇や聖徳太子（厩戸皇子）が生き、律令制の始まりとなった地だ。奈良県の県庁所在地たる奈良市は現在、野生の鹿が国の天然記念物に指定されていることで有名だが、その奈良市に置かれた都・平城京の淵源とも呼ばれる明日香で、まさか鹿に苦しめられる日が来ようとは。奈良公園に群れる鹿を日頃、「可愛いなあ」と眺めていただけに、大変複雑な気分だった。

鹿は古くから日本人に馴染み深い生き物。旧石器時代の遺跡からもその骨は多く出土しているし、明日香に都が置かれていた当時に詠まれた歌を多く収録する『万葉集』にも、頻繁に鹿は登場する。

一般に明治維新の頃まで、日本人は仏教の影響を受け、肉を食べなかったと考えられがちだ。だがそれは、貴族間では仏教が根付いた奈良時代以降の話。庶民の間では実際は至るところで、獣肉は貴重なタンパク源としてこっそり食べられ続けていた。しかも日本で初めて食肉を戒める法律が定められたのは、明日香に都があった天武天皇四年（六七五）だが、この時に禁止されたのは牛・馬・犬・猿・鶏の肉だけ。鹿や猪などの野獣は禁制外だったのだから、それらが当時どれだけ馴染み深い食糧だったか分かる。

ただそんな肉がどんな調理法で食べられていたかと言えば、いささか不安になる。というのも『万葉集』には、殺された鹿にまつわる歌が収録されている。「わたしの角《つの》は、笠の材料に」「わたしの毛は筆に」と鹿自身が自分の身体の各部がどう利用されるかを数え上げるこの歌で、「我《あ》が肉《しし》は　み膾《なます》はやし　我が肝も　み膾はやし（わたしの肉は膾の材料。わたしの肝も膾の材料）」と、鹿肉の膾――つまり生肉を細切りにして食べる方法が述べられているからだ。ちなみにその後は「我がみげ」を塩辛にすると続くが、この「みげ」とは獣肉の胃袋、つまりミノのことと考えられている。

野生の獣の肉に寄生虫やウイルスが潜んでいるのは、現代人には当然の知識。しかも肉のみならず肝まで生食していたとあっては、食中毒になる人も多かっただろう。急性肝炎を引き起こすウイルスを持っている例もある以上、死に至ることとて珍しくなかったはずだ。

母子を食らう罪な料理

一方で同じ生食でも魚介類であれば美味しそうと感じてしまうのは、わたしが怖がりな癖に食いしん坊だからに違いない。奈良時代に編纂された『日本書紀』には、四世紀頃の帝とされる景行天皇が、現在の房総半島付近でハマグリの膾を食べたとの記述がある。千葉県は今日でも国産ハマグリの産地だが、その起源の一端が古代に確認できるのは面白い。

古代の仏教説話集にはしばしば、生き物を殺《あや》めることが罪深い行為として登場し、魚の膾について言及される例もある。これは平安時代の話になるが、『今昔物語集』には藤原義孝という信心深い貴族が鮒《ふな》ノ子膾、つまり魚肉に鮒の卵をまぶした膾を見て涙ぐんだとの逸話が記されている。「母ガ肉村《ししむら》ニ子ヲ敢《あえ》タラムヲ食ハムコソ（母の肉に子である卵を和えるとは、なんとまあ）」

と哀れんだわけだ。

この藤原義孝は、十世紀後半に実在した貴族。一条天皇や藤原道長の厚い信頼を受けた能吏《のうり》、三蹟の一人として書の上手と名高い行成の父親に当たる。眉目秀麗で信心深く、また詩歌の上手でもあった彼は、二十一歳の若さで天然痘に罹り亡くなってしまう。「小倉百人一首」には「君がため　惜しからざりし　命さへ　長くもがなと　思ひけるかな」という彼の歌が収録されていることから、その名に覚えのある方もおありだろう。

鮒の刺身に魚卵をまぶす料理は、下膾《おろしなます》、子付膾《こづけなます》などとも呼ばれ、現在でも関西の料理店では時々供される。わたしは下戸ながらも、酒肴の類が大好物。ましてや家庭では作れぬ料理とあって、これを提供されるとついつい顔がほころぶ。薄いピンク色の鮒の身に、黄金色の魚卵が美しく、目でも楽しめる一品だ。どうやらわたしは藤原義孝には遠く及ばぬひどい人間と見えるが、これはもう食いしん坊――そして現世に生きる人間の性《さが》とお許しいただくしかない。

とはいえ生き物の性について語るついでに顧みれば、鹿も猪も彼らなりに生きるために田畑を荒らしているのだ。一方的にこちらの被害ばかりあげつらうのは、人間の傲慢でもあろう。だが、やはり期待していた量にはるかに及ばぬ実りを思うにつけ、「来年こそは」とのファイトが湧く。これもまた、食いしん坊の性に違いない。

6　樺山伯爵は馬鹿車に乗って

紅葉シーズンの京都は、どこを見ても大混雑。住人としてはもはや文句を言っても意味がないので、混雑・渋滞の回避策を模索するばかりの日々だ。

わたしは常々打ち合わせ先に自転車、それもママチャリで出かけ、担当者さんに苦笑されているが、正直、これが一番確実で便利なのだ。とくに桜や紅葉の時期は観光地を経由するバスは、来る車両来る車両すべて満員で、なかなか乗せてもらえないし、タクシーは手配しても配車がいつになるか分からず、ただ待つしかないのだから。

京都は三方を山に囲まれた盆地。市街地から外れるとまあまあな坂が待っているが、市内中心部はほぼ平坦なため、自転車はこの地では心強い交通手段だ。通学等に自転車を使う大学生も多く、市内の駐輪場はどこもいつも満車。そのせいだろうか、ありがたいことに京都では、皇族や国賓がお泊りになる老舗ホテルですら、駐輪場が備えられている。これが最近できた外資系ホテルだとそうもいかず、事前に「駐輪場はありますか?」と問い合わせてから打ち合わせに出る。カバンには常にレインコートが入っているので、雨の日だって安心だ。

十一月のある日曜日、観光地真っただ中の寺で、親類の三十三回忌法要が営まれた。法要自体は構わない。問題は参列者に子供や高齢者が多いため、タクシーを何台も手配せねばならぬことだ。

「日程といい場所といい、なかなかタクシーは来てくれないと思うよ。せめて私たちだけでも、自転車で行くのはどうかな？」

手配すべき車が一台でも減れば、その分、他の人は動きやすくなる。そんな思いから提案したわたしに家族は、「喪服で自転車⁉」と目を丸くしたが、背に腹は代えられない。普段着で自転車移動し、寺で礼服に着替えさせてもらうことで話はまとまった。

自転車は幕末、慶応年間頃に日本に初めて輸入されたと言われているが、正確な時期は意外にも分かっていない。明治三、四年に描かれた錦絵には自転車が描かれているものが複数あるので、すでにこの頃、東京を中心とした都心部では普及が始まっていたらしい。では京都ではどうかといえば、明治十八年（一八八五）には、「府内で自転車が流行しすぎた結果、通行人に怪我をさせる例が頻発しており、また学生は自転車に夢中になって学業を疎《おろそ》かにする。このため（京都市の前身である）上京・下京の両区では自転車を禁止する」という布告が出ている。こういった自転車禁止令は、それ以前に大阪府や群馬県などでも発布されているが、学生にわざわざ言及している点は、早くから学校の多い京都らしくて面白い。

ちなみに当時、自転車は「馬鹿車」とも呼ばれていたそうで、この布告が出た直後には、「京都で流行した自転車（またの名を馬鹿車）が最近、近隣の大津の市街でも流行り出した」という新聞記事もある。馬鹿車とは何ともひどい表現だが、例えば馬車や人力車、はたまた駕籠などは誰かが頑張って乗り手を運んでくれるのに対し、自転車は乗り手自らがせっせと漕がないと動かない。路面が舗装されていたわけでもなく、また自転車そのものの性能とてまだまだ低かった時代。そんな苦労をせねばならぬ乗り物を侮《あなど》って生まれたのが、この言葉というわけだ。

もっともこの異名は自転車が便利なものと受け入れられるのに従って消えて行き、明治後期にはほとんど使われなくなる。目新しい道具に対する人々の態度を反映した、瞬間的な流行語だったようだ。

自転車愛好者の嚆矢

ところでそんな「馬鹿車」の言葉が忘れ去られつつあった明治二十七年（一八九四）一月の「時事新報」は、子爵・樺山資紀《かばやますけのり》の長男である愛輔《あいすけ》が、東京から京都まで東海道自転車旅に出たことを報じている。後に伯爵となる愛輔は当時、数え三十歳。十四歳で日本を離れて欧米諸国で学問を修め、三年前に帰国したばかりの御曹司だ。当時、欧州では自転車旅行が流行っており、この翌年には後に放射線の研究によってノーベル物理学賞・化学賞を受賞したマリ・キュリーが、夫であるピエールと自転車でフランス田園地帯を巡る新婚旅行に出ている。愛輔の自転車旅は、いわば時代の最先端の旅行だった。

その後、貴族院議員として要職を歴任した樺山愛輔は、一説には外国から高級自転車を取り寄せた日本初の人物。イギリスから個人輸入したそれを、使わない時は床の間に飾っていたのが、知人の間では話題になったという。近年はスポーツ自転車の流行に伴い、盗難防止やサビつき防止、インテリアの一環として自転車を室内に置く人も多い。つまり愛輔は、そんな自転車愛好者のはしりと言ってもよかろう。

欧米の文化のみならず、日本の古くからの文物をも深く愛した彼の娘の一人が、後に日本の美にまつわる随想を多く残した白洲正子。彼女は昭和四年(一九二九)、兄の友人であった実業家・白洲次郎と結婚するが、その結婚式は京都ホテル——現在のホテルオークラ京都で挙げられた。

正子が父の死後に語ったところによれば、愛輔は慎重と呑気が入り混じった気性で、周囲を心配させることも多かった。正子の結婚式の折には、式が始まる夕方まで時間があるから遊びに行こうと言い出し、新郎新婦を誘って車で宇治へと出かけた。そうこうするうち、三人ともすっかり式のことを忘れてしまい、気が付いたのは夕方になってから。彼らが戻って来るまで、親類たちはホテルでやきもきしていたというから、呑気は正子も次郎も似たようなものだ。

ちなみにこのホテルオークラ京都は、わたしが知る限り、市内老舗ホテルの中でももっとも立派な駐輪場がある。もしやそれは自転車を愛した樺山愛輔の影響では——とは、さすがに勘繰りすぎだろうか。

7　紫式部は鰯を食べたか

二〇二四年は大変身辺が騒がしい一年となった。理由は至極簡単で、あの平安時代を代表する小説『源氏物語』の作者、十世紀後半から十一世紀前半の京都に生きた紫式部を主人公とする大河ドラマ「光る君へ」が放映されたためだ。

小説家としてのわたしの守備範囲は、古代から近代までの歴史・時代小説。中でも奈良・平安時代の作品が比較的多いこともあり、ありがたいことに「光る君へ」の制作が発表されて以来、紫式部関係の依頼は急増した。

紫式部はもともと、都の中流貴族の娘。時の権力者・藤原道長の娘にして、天皇の妃である彰子に仕えた彼女は、越前国（現在の福井県）国守として赴任する父親に同行した一時期を除き、生涯の大半を京都盆地の中で過ごした。それだけに「光る君へ」の主な舞台は京都だろうと推測され、京都府民の間でも放映スタートが近付くにつれ、じわじわとドラマに対する期待の声が高まっていった。かく言うわたしも、地域の広報誌に第一話のパブリックビューイングの案内が載っていたので、ついつい申し込んでしまった。

『源氏物語』はまだ完結せぬうちから宮廷人の中で評判だったと推測されており、紫式部より一、二世代後に生まれた菅原孝標《たかすえ》の次女は回想録『更級日記《さらしな》』の中で、少女時代にどれほど『源氏物語』に憧れたかを振り返っている。平安時代末期には早くも古典的な文学作品として重要視され、以来、多くの貴族・学者が『源氏』を学び続けたというから、この長編小説がこれまでどれほど多くの人々を虜にしてきたか分かる。その影響は日本の文化のほぼ全域に及んでおり、たとえば江戸期の浮世草子作者・井原西鶴は光源氏から着想を得て、上方商人の享楽的な息子・世之介が、女性遍歴を重ねる『好色一代男』を記した。また小説家・帚木蓬生《ははきぎほうせい》氏が、自らのペンネームを『源氏物語』の巻名「帚木」「蓬生《よもぎう》」からお取りになったように、『源氏』は執筆から約千年を経た現代でも、親しみ深い存在なのだ。

そもそも今日の我々が、平安貴族＝恋愛と歌ばかりに明け暮れるダメな存在と思いがちなのは、『源氏』によって与えられたイメージに負うところが大きい。そう考えれば、日本人とこの物語は切っても切り離せぬ関係にあるのだ。

そんな関係の深さは筆者たる紫式部その人についても似たようなもので、彼女の生涯は子供向けの歴史漫画にも取り上げられているし、彼女を主人公とする小説・コミックも数多い。ただ人気者は周囲から親しまれるあまり、時に不名誉な扱いを受けてしまうもので、それは紫式部も同様のようだ。

江戸時代初頭に成立した『醒睡笑《せいすいしょう》』は、「平林」や「子褒め」など今日でも語られている様々な落語の元ネタが複数収められている笑話集。その中に次のような和歌が、紫式部が詠んだ作として記録されている。

——銭無うて　恋する人の　おかしさよ　死ぬるとあわじ　何のたよりに

銭がないのに恋をする人のおかしなことだ、死んだとしても銭なしなぞとは会わないというのに——といった程度の意味だろうか。いずれにしてもこんなむくつけな歌の作者にされてしまうとは、人気者の宿命にしてもなかなかひどい。式部は自らの学才に自負があった様子なので、当人が知ればさぞ腹を立てるに違いない。

食べていたのは和泉式部？

これも江戸時代後期の話になるが、儒者・志賀理斎《しがりさい》は著書『三省録《さんせいろく》』の中で、紫式部は鰯が好物だったとの説話に触れている。

それによれば、鰯は平安の古《いに》しえには下賤な食べ物とされていたが、紫式部はこれが好物で、夫の外出中にこっそり焼いて食べていた。帰宅した夫がそれに気づき、「卑しいものを」と嘲ると、式部は、

——日の本に　はやらせ給ふ　石清水《いわしみず》　まいらぬ人は　あらじとぞおもふ

と歌を詠み、その見事さに夫はやりこめられてしまったとある。歌の意味は、「日本で多く信心を集める石清水八幡宮には、参らぬ人はおりません（〝いわしみず〟と〝いわし〟をかけて、ならば同様に鰯を嫌いな人もおりますまい）」といったところだ。

とはいえ、この話は室町時代に成立した『猿源氏草紙』という物語草紙が元ネタで、そこではこっそり鰯を食べていたのは紫式部ではなく、彼女の同僚であった女流歌人・和泉式部だったと

記されている。主人公がいつ紫式部に入れ替わったかは不明だが、江戸後期の儒学者・松崎慊堂《こうどう》や明治期から昭和期にかけて活躍した児童心理学者・高島平三郎なども、紫式部バージョンの逸話を自著に記録している。しかもそれぞれが、「それ故にいわしをむらさきという」(『慊堂日暦』)、「之《これ》からいわしを御むらと名づけたと云ふ」(『精神修養逸話の泉』第十九編)と付け加え、紫式部の歌によって鰯には「むらさき」「おむら」なる通称が付けられたと説明しているから面白い。

そもそも「日の本に」の歌は、鎌倉時代に作られた詠草の本歌取りだし、鰯を御所ことばで「むらさき」と呼ぶのは、少々紫がかった独特の魚肉の色にちなんだものと考えられている。つまり紫式部と鰯の関係は何から何まで後世の作り話なのだが、それもこれもすべて紫式部が人気者であればこそだろう。『紫式部日記』の中で、紫式部は朋輩であるはずの和泉式部について批判的な言葉を連ねているので、自分が彼女の代わりにされたと知れば、その敵愾心《てきがいしん》をますます募《つの》らせそうな気もするが。

なお『源氏物語』には鮎や鮒などの川魚は食べ物として登場するものの、海の魚への言及はほとんどない。それでも平安時代中期の法典『延喜式』からは、諸国から京都へ大小の鰯が運ばれていたと分かるので、都人が鰯を知らなかったわけがない。式部とて都で鰯を食べたことは十分あり得るし、海のある越前国で生鰯に接した可能性とて皆無ではない。青魚好きのわたしとしては、式部がその美味しさに気付いていたなら、やはり歌の一首も詠んだのではないかな、とつい考えてしまう。

8　歴史は「残り物」で出来ている

世の中には時折、「誰かがたまたま記録していた一言」が、後世の歴史観に多大な影響を与えることがある。その代表としてわたしがよく挙げるのが、平安時代を代表する貴族・藤原道長と彼の詠んだ歌だ。

娘三人を帝の妃として入内《じゅだい》させ、三人の天皇の祖父となった道長は、一般的に権勢欲の権化のごとき人物と理解されがちだ。甥・伊周《これちか》との抗争や、邪魔な天皇・三条帝の退位をもくろんだ行状などと併せて、そんな人物像を決定づけているのが、三女・威子《いし》を孫・後一条天皇のもとに入内させた夜の宴で彼が詠んだ歌、「この世をば　我が世とぞ思ふ　望月の　欠けたることも　なしと思へば」だろう。

古代・中世を舞台とした作品を多く執筆した小説家・永井路子が、道長を主人公とした長編小説に『この世をば』とのタイトルを与えたように、この歌はもはや彼を代表する一首と言ってもいい。なお道長は平安時代の貴族の常として多くの歌を詠んでおり、『拾遺和歌集《しゅういわかしゅう》』『新古今和歌集』などの勅撰集に四十首以上が収録されている。それらの歌はほとんど忘れ去られ、宴席で詠んだ一首ばかり語り継がれているのは、道長には不本意に違いない。

それにしても「この世をば」の歌が面白いのは、これが道長自身の日記『御堂関白記《みどうかんぱくき》』や公式記録ではなく、宴席にいた貴族・藤原実資《さねすけ》の日記『小右記《しょうゆうき》』のみに記録される点だ。

実資は当時、大納言。若い頃から能吏として名高く、九歳年下の道長からも深く信頼されていた。彼が五十年以上に亘って記し続けた『小右記』は、現在、平安中期社会を知る上で欠かせぬ古記録とされているが、この書物は写本が現存しない箇所も数多《あまた》ある。たとえば「この世をば」の歌は、寛仁二年（一〇一八）十月十六日条に記載されている。ただこの年の『小右記』は、七月から九月までがごっそり欠落しているのだ。つまり今日の我々が抱く道長イメージは、実資があの歌を記録していなければ――もしくは『小右記』寛仁二年条があともう少したくさん行方不明になっていたなら、大きく変わっていたかもしれない。

そう思うとわたしはいつも、現在伝えられている歴史像が本当に正しいものなのかと疑わずにはいられない。「この世をば」の歌が数々の偶然によって今日に伝えられたのであれば、一方で長い歳月の中で失われて行った歴史事実も数多あるはず。我々は残った史資料によって、過去を探る。だからこそ残らなかったものが本来ならば何を語っていたのかと思うと、どうしても手の届かぬその暗がりの深さに眩暈《めまい》すら覚える。そして同時に過去を歴史として把握できることがどれほどラッキーなことかと、改めて思い知らされるのだ。

ちなみに藤原実資は、当時の女性の実名を記録している点でも珍しい人物だ。なにせこの当時の女性は、たとえば「清少納言」といった宮仕えの時に与えられる局名《つぼねな》、はたまた「清原元輔女《むすめ》」のように男性血族とのつながりでしか存在が伝えられない。藤原道長の長女・彰子、「この世をば」の宴の主役・威子のように、顕官の娘の中には名前が伝えられる者も確かにいるのだが、これらの名は彼女たちの入内に際して付けられた公的な名であって、小さい頃から呼ばれていた名ではない。

ところがありがたいことに実資は『小右記』で、千古《ちふる》という自分の娘に言及している。実資には早くに寺に入れた息子や養子として迎えた甥などの血縁がいたが、五十歳を過ぎてから生まれたこの娘への思い入れはひとしおだったらしい。平安時代後期に記された歴史物語『大鏡』は、彼女が「かくや姫」と呼ばれていたと記している。家庭内では「輝くような姫君」と愛称されていたわけだ。

残っている=「真実」か?

『小右記』によれば、実資は寛仁三年（一〇一九）の年末、邸宅や荘園、牧や厩《うまや》など財産の大半を千古に相続させるとの書類を作成している。加えて先祖代々の記録や書物・文書類は、千古が男児を産んだ場合、彼に相続させるとも記しているが、この当時、千古はまだ十歳前後の少女に過ぎない。いやいや、ちょっと前のめりに過ぎまいかと言いたくなる。だが「道俗の子等、一切、口入すべからざる由、処分文に注す（僧侶と俗人の子たちは、一切口出ししてはならないと書類に記した）」と日記に書くほど、実資は大真面目だ。千古と父娘ほどに年が離れていたと推測される養子などは、養父のこの財産分与に、「かくや姫」が相手ではやむをえないと溜息をついたのでは、と想像してしまう。

ところで実資は一部の歴史解説書などで、時折「意外に色好みなところがあった」と評されることがある。その理由は鎌倉時代に編纂された説話集『古事談』に、「実資の屋敷には名水が湧く井戸があり、彼はそこに水汲みに来る女の中で気に入った者がいると、屋敷の中に引っ張り込んでいた」と書かれているためだ。

ただ、少し待ってほしい。我々は古い書物に記されていると、ついそれを真実と思いそうになるが、『古事談』は堅苦しい漢文体仮名交じり文で書かれている割に、内容はかなりゴシップネタが多い。なにせ第一巻の冒頭に奈良時代の女帝・称徳を取り上げ、「彼女は僧・道鏡との性行為だけではあきたらず、大人のオモチャを使おうとして取れなくなり、それが原因で亡くなった」と堂々と書いているほどなのだから。

『古事談』の作者はそれこそ『小右記』や『大鏡』を始めとする様々な書籍から、広く逸話を収集している。しかしだからといって、そこに書かれたことすべてが真実である保証はない。歴史的人物の暴露話が多い傾向を考えれば、実資の好色譚も割り引いて考える必要があるだろう。

現存し、かつ目立つものに、人は目を奪われがちだ。ついついそこからのみ、史実を探そうとしてしまう。だがその「歴史」は果たして正しいのか。そんな疑いの目を常に忘れずにいたい。

9　紅葉狩りと藤原実資の怒り

カレンダーが九月になった途端、京都の風景は一変する。毎年のことだが、街を歩く観光の方々の中に、急に修学旅行生の姿が増えるのだ。

夏休み中に修学旅行というわけにはいかないし、さりとて十月半ば以降――いわゆる紅葉シーズンは桜の時期と並ぶ観光ラッシュの季節。宿泊代がはね上がる前にということだろう。かくして九月は五月・六月と並んで京都じゅうが修学旅行生でにぎわう。

わたしが所属している歴史系の学会は、かつては毎年十一月に京都で大会が開かれる慣例だった。だが「秋の京都は宿代が高い！」という声が全国の会員から上がったそうで、ある時期から大会時期が一か月前倒しになった。とはいえ十月は十月で、「紅葉シーズンで人が増える前に」という観光客が相当数いらっしゃるので、宿代はまあまあ高い。となるとそのうち更に前倒しして九月……いや、そうなると修学旅行生とかちあってしまうのでいっそ八月……?などと考えてしまう。

それにしても春の桜見物については「花見」という言葉が一般的だが、一方で紅葉は「紅葉《もみじ》見《み》」とは言わない。紅葉見物は古くは「紅葉狩り」の語で呼ばれていたものの、「狩り」という言葉が現代の暮らしにそぐわないためだろうか、今日、雑誌やインターネットの紅葉特集でも滅多に使われることはない。「紅葉を巡る」とか「紅葉を訪ねる」といった言葉に置き換えられる例が多いようだ。

実は桜見物の表現として、「花見」と「桜狩り」が併用されていた時期もあったのだ。ただ明治期頃から「桜狩り」の方は徐々に使われなくなり、今では完全に死語になっている。桜、それもソメイヨシノが人里に多く植えられ、わざわざ野山遠くまで探しに行かなくとも十分観賞できるようになったためかもしれない。これに対して「紅葉狩り」は、「紅葉見」という語もあるにはあるが、あまり一般的には用いられぬまま、ただおとなしく消えて行こうとしている。春秋の双璧たる風物詩が、こうも違った言葉で表現されるのは面白い。

室町時代中期の観世小次郎信光《かんぜこじろうのぶみつ》という能役者、今日流に言えば能楽師が作ったと伝えられる能に「紅葉狩」なる曲がある。信光は能楽の大成者・世阿弥《ぜあみ》の弟の孫で、歌舞伎「勧進帳」の元ネタの「安宅《あたか》」や、「義経千本桜」二段目渡海屋《とかいや》・大物浦《だいもつのうら》の場のこれまた元ネタ「船弁慶」といった、よく言えばストーリー性の強い、悪く言えばしっとりした情緒とはあまり縁のない曲を多く作った人物。「紅葉狩」も実にそんな彼らしい作品で、平維茂《これもち》という武将が現在の長野県・戸隠《とがくし》の山中で、紅葉を愛《め》でる酒宴中の美女に遭遇する。ところがそれは女に化けた鬼。酒を勧められた維茂は危うく命を奪われそうになるものの、八幡神の助けを得て鬼を討ち取る——という分かりやすい内容だ。ちなみにこれも「安宅」などと同様に歌舞伎のネタになっており、河竹黙阿弥が詞をつけている。

平維茂は関東・東北を本拠地に平安時代中期に生きた実在の武将で、近年の研究では「平維《これ》良《よし》」として古記録に出て来る人物と同一との説がある。この維良は長保四年（一〇〇二）の末に下総国府、つまり現在の千葉県北部と茨城県南部を支配する役所を焼き討ちした咎《とが》で、分かりやすく言えば指名手配されている。ただ不可思議なことに藤原行成の日記『権記《ごんき》』によれば、この時、朝廷一の権力者の地位にあった左大臣・藤原道長は、「下総から届いた事件の報告書を単純に事実と認めていいものだろうか、そもそも報告書の書式が曖昧じゃないか」などと述べたらしく、結局、維良の行動はいつしか不問に付されている。

「悲しき代なり、悲しき代なり」

しかも藤原実資の日記『小右記』によれば、焼き討ち事件のしばらく後、維良はなぜか陸奥国の武力基地の長官・鎮守府将軍に着任したらしい。さばかりか長和三年（一〇一四）には任地の東北からわざわざ上京して、道長に馬二十頭、武具類、砂金や布類といった莫大な貢物をしている。これはどうも、鎮守府将軍再任を目的としたものだったらしい。盛大な行列を見物しようと、路上には人々が群れを成したと『小右記』は語るが、興味深いのはそんなあからさまな買官行為に対する藤原実資の慨嘆だ。

「又、将軍に任ずるは、財貨の力なり。外土（都から遠く離れた地）の狼戻《ろうれい》（狼のように欲深い）の輩、いよいよ濫《みだ》りに財宝を貯え、官爵を買う計を企《くわだ》つるか。悲しき代なり、悲しき代なり」

実はかつて維良に焼き討ちされた下総国府の主・宮道義行は藤原実資の恩顧を受けていた人物

で、義行の息子もまた実資に仕えていた。しかもそんな義行は道長から「非はどちらにあるとも言いがたい」と言わんばかりの対応をされた末、維良上洛の前年に没している。このため実資の目には、盛大な贈り物を運んできた維良の姿が、腸《はらわた》が煮えくり返るほど忌々しく映ったのではないか。

ただ実資にとって、ほんの少し腹が癒えたと思われることに、この四年後の寛仁二年（一〇一八）、維良は今度は陸奥守・藤原貞仲と争いごとを起こしている。藤原貞仲は維良以上に道長に信頼されていた人物で、それゆえだろうか、道長はこの時は維良の肩を持たず、冷静に現地に調査官を派遣している。しかも『小右記』を元にして作られた『小記目録』という目録には、治安《じあん》二年（一〇二二）、「前将軍維良死去」という事項があり、維良はやがて将軍職を失い、そのまま没したと分かる。残念ながら『小右記』のその時期の部分は散逸して残っていないが、実資が維良の死を詳細に日記に書いていたことは間違いなく、もしかしたらそこでは快哉《かいさい》の一つも叫んでいたのかもしれない。

それにしてもこうも幾度もトラブルを起こすとは、維良＝維茂はなかなか癖のある人物だったと考えてもよさそうだ。ならば「紅葉狩」で維茂を狙った鬼女もただの鬼ではなく、彼に何らかの恨みを持っていた相手とも推測できる。花見にしても紅葉を巡る外出にしても、脛《すね》に傷あるお人は少々お気をつけいただきたい。

10 「京料理」の誕生

仕事で上京すると時折、編集者さんや作家仲間に誘われて食事に行く。東京にはまったく詳しくないので、わたしはただ連れて行ってもらうばかり。一人だとその辺の定食屋で丼飯をかっ込んでホテルに帰るだけなので、一緒にご飯を食べてくれる方がいるのはありがたい。

先日、ある同業者から、「今日は和食に付き合ってもらっていい？　知り合いがお店を開いたから、顔を出したくて」と言われた。

「京都暮らしの澤田さんを和食に誘うのは、申し訳ないというか、正直、ちょっと怖いけど。ほら、京都の人って和食に詳しいだろうし」

え？　と文字通り、眼が点になった。言われて思い返せば、わたしは東京で和食店に誘われたことが皆無に近い。確かに、洋食や中華によく行くなあとは思っていたのだ。それはてっきり、ご一緒する方々のお好みとばかり信じていたのだけど。

「いや、京都で生活していても、料理屋に毎日行っているわけじゃないから……」

「でも京都と言えば和食じゃない？　やっぱり、澤田さんは和食に誘いづらいよ」

ううむ、なるほど。京都＝古都とのイメージが普遍化しているためだろうか。京都の人間はどうも普段から、「京都っぽい」食事しかしていない印象を持たれているようだ。

数年前の話になるが、九州を訪れた折、現地の知人にせがんで、ある久留米ラーメンの店に連れて行ってもらった。そこは濃厚豚骨が特徴の久留米ラーメンの中でも、ひときわ味が濃いとされる一軒。わたしはその店を取り上げたドキュメンタリー番組を見て以来、ぜひ一度訪れたいと思っていたのだ。ところが同行の知人はずっと、「本当にいいの？　豚骨ラーメンだよ？」「京都と言えば薄味じゃない。澤田さん、本当に食べられる？」と繰り返し聞いていた。

いやいや、侮るなかれ。京都のラーメンには様々な系統があるが、その一部はいわゆる「和風」とは程遠い濃厚なもの。そもそも京都には濃い味付けの食べ物が多い。また、パンや牛肉の世帯あたり消費量は全国トップクラスだし、長らく市民に愛されている洋食屋も数多い。それにもかかわらず京都＝薄味、和食というイメージが定着しているのは、それだけ京都が和食の街と認識されているためだろう。

しかし京都が和食の代表的な土地となったのは、実はごく最近。かつての京都の食べ物は、意外にも関東人にはあまり好まれていなかった。

明治末から昭和にかけて活躍した作家・谷崎潤一郎は、東京生まれの東京育ち。それでいて京都に居を構えた時期も長く、後に「私は京の生れではないけれども京好きの点では京都人に劣らない」（『潺湲亭《せんかんてい》』のことその他」）と随筆に記したほどの人物だ。ただ少なくとも明治四十五年（一九一二）に初めて京都を訪れた際、谷崎は京都の食事を美味しいものと感じなかったらしい。「京都の食物は、淡白で水ッぽくて、東京人の口には合ひさうもない」（「朱雀日記」）

と酷評している。いわく、醬油の味が違う、鰻や寿司、蕎麦などははるかに東京に劣る、海の魚は種類が少なくてしかも品質が悪い、と言いたい放題。もっとも谷崎はこの後、京都にどっぷり浸かり、『細雪』では京懐石の名店を何度も登場させるが、京都に慣れぬ時期の谷崎が、この地の料理を「東京人の口には合わない」と言い放った点は興味深い。

遡れば江戸期の戯作者・滝沢馬琴は紀行文『羇旅漫録《きりょまんろく》』で、京都の駄目な点に「人気の吝嗇《りんしょく》、料理、舟便り」を挙げ、やはり料理がまずいと貶《けな》している。彼によれば、京の魚は川魚が中心で、日本海・大阪・滋賀から来る品もあるが、夏は腐ってしまうし、鰻や鱧《はも》は江戸前に劣る。鮎などは岐阜のものを食べてしまうと味わいはない。白味噌なる味噌を田楽などにも使うのが美味しくない。京の美味は麸、湯葉、芋、水菜、うどんだけ。それら以外は江戸人の口に合わないそうだ。馬琴がわずかに美味しいと褒めているのが、「水ッぽ」そうな品ばかりなのは面白いが、いずれにしても京都の料理は長らく、万人に尊ばれるものではなかった。

時代の要請で生まれた京料理

ところで今日、京都関連の書籍を繙《ひもと》くと、「京料理」という言葉が頻繁に目につく。ただこの語が一般に広まったのは、有賀健氏の『京都』(新潮選書)によればごく近年のこと。ならば戦前はと史料を繰ると、京都の料理は東京風の料理、つまり「東京料理」と対比して、「西京料理」と称されることが多かった。そしてその内容はやはり川魚類が主流だったらしく、たとえば大正十二年(一九二三)刊行のレシピ本『割烹秘典』には、西京料理の例として鮎と瓜の膾や鰉《ひがい》という川魚のつけ焼きなどが載っている。

そんな京都の料理が今日の形に変化した要因は、高度成長期以降の冷蔵技術の発達や交通網の拡大により、使い得る食材の幅が格段に広がったことが大きい。さらに第二次世界大戦後、京都が日本の伝統が残る土地として称賛され、この地を訪れる旅客が急増した事実も背景として見逃すべきではないだろう。人が訪れれば、それを相手に料理を供する店も増える。「東京人の口には合ひさうもない」とされた料理は時代の要請の中で、伝統を代表する品への大転換を求められたといえるだろう。

実のところ明治・大正期の京都の史料からは、鯰《なまず》や泥鰌《どじょう》、鮎、鼈《すっぽん》などの川魚類専門料理店が京都に多く存在していたと分かるのだが、これらの大半はすでに姿を消し、代わってこの街ではいま、会席料理をベースにした「京料理」の店が軒を連ねている。いや、京都だけではない。かつて西京料理の対義語であった東京料理は、関東大震災後に勢いを失い、その言葉自体が何を指すか、すでに分からない。加えて西京料理もまた今日の京料理と異なるものとすれば、我々が常識と思っているものはどこから来たのか、伝統とは何かをつくづく考えさせられる。

11　紅葉の高雄に恋が香る

秋になると、「今年の京都の紅葉の具合はどうですか?」という質問を、全国様々な方から受ける。わたし自身はほとんど紅葉見物に出かけないが、あまりに頻繁に聞かれるのでしかたがない。テレビや地元紙の紅葉ニュースをこまめにチェックし、友人知人からも情報を集めて、お尋ねに答えられるよう備える。

江戸時代、京都一の紅葉の名所と言えば、この盆地を取り巻く山の谷あい、京都市と福井県小浜市を結ぶ周山《しゅうざん》街道沿いに位置する高雄《たかお》だった。ただ、どこに行くにもどうせ自分の足で歩かねばならなかった昔と異なり、現在は交通の便が人気を大きく左右する。それゆえ清水寺や東福寺といったエキチカの紅葉名所に比べると、京都駅からバス・車で一時間ほどかかる高雄は訪れる人がまだ少なく、山から山へと広がる広大な紅葉を満喫できる。

ちなみに高雄周辺には槇尾《まきのお》・栂尾《とがのお》という地域もあり、これら三か所を合わせて「三尾《さんび》」と呼ぶ。高雄には神護寺《じんごじ》、槇尾には西明寺《さいみょうじ》、そして栂尾にはあの「鳥獣戯画」を所有し、世界遺産にも登録されている高山寺《こうざんじ》があるので、紅葉見物に併せての参拝もオススメだ。

我々が通常、モミジと呼ぶ植物は正式にはムクロジ科カエデ属のイロハモミジ。この植物は別名をイロハカエデ、タカオモミジなどとも呼ばれるが、後者の名称は紅葉の名所たる高雄にちなんでつけられたらしい。この地がどれだけ紅葉とゆかりが深いかがわかる。

ところで夏目漱石は明治四十三年（一九一〇）に新聞連載した長編小説『門』の中で、主人公・宗助を朋友の安井、安井の恋人である御米《およね》とともに、高雄に紅葉見物に出かけさせている。

――嵯峨から山を抜けて高雄へ歩く途中で、御米は着物の裾を捲くって、長襦袢だけを足袋の上まで牽《ひ》いて、細い傘を杖にした。山の上から一町も下に見える流れに日が射して、水の底が明らかに遠くから透かされた時、御米は「京都は好い所ね」と云って二人を顧みた。それをいっしょに眺めた宗助にも、京都は全く好い所のように思われた。

宗助は後に御米と関係を持ち、三人の関係は破綻する。からりと明るいこの紅葉狩りのシーンは、直後に描かれる冬の京都の暗さと三人の関係の変質を際立たせる効果的な役割を果たしている。

長い石段の果てに大伽藍《だいがらん》をそびえさせる神護寺は、和気氏《わけうじ》の私寺として奈良時代に創建されたと伝えられる。弘法大師空海、伝教大師最澄も訪れた名刹《めいさつ》だが、その寺史の中でも異彩を放つのは、鎌倉時代初期の僧侶・文覚《もんがく》の存在だ。二〇二二年の大河ドラマ「鎌倉殿の13人」をご覧になった方であれば、四代・市川猿之助が熱演した万事風変わりな僧としてご記憶だろう。

文覚は元は遠藤盛遠《もりとお》という武士だったが、十九歳の若さでなぜか出家。弘法大師に厚く帰依し、当時、荒廃していた神護寺の再興を時の権力者・後白河法皇にしつこく願ったことからその怒りを買い、伊豆国（現在の静岡県東部）に流される。そこで同じく伊豆の流人だった若き日の源頼朝に出会い、生涯にわたって彼と縁故を持つに至る。

そんな文覚の出家理由として、古くから袈裟御前《けさごぜん》なる女性の存在が伝えられている。延慶本《えんぎょうぼん》『平家物語』や『源平盛衰記』などに、とある武士の妻として登場し、文覚——もとい遠藤盛遠から横恋慕される女性だ。

強引な盛遠の求愛に困り果てた袈裟は、自分の夫を殺してくれれば、思いを受け入れようと彼に告げる。だが盛遠が夜、屋敷に忍び込んで袈裟の夫の首を落としてみれば、それはなんと夫に成りすましていた袈裟自身。盛遠は己の行いを悔やんで出家し、僧・文覚となったという。

後世、袈裟は貞女の鑑《かがみ》と見なされ、歌舞伎や絵草紙にもたびたび取り上げられた。袈裟の名前がそもそも出家に縁があることから、江戸時代の川柳集『誹風柳多留《はいふうやなぎだる》』には、「けさを見てから盛遠はしゆつけする」という歌まで収録されているほどだ。今日、この逸話は事実ではないと考えられているが、『門』の宗助といい文覚といい、高雄の地には不思議に恋の香りが漂っている。

うつろふ色

ところで和歌の世界において、色が移ろう紅葉は時に、人の心変わりのたとえに用いられもする。たとえば平安時代前期に成立した『伊勢物語』の第二十段では、現在の奈良県に役人として出向している間に現地の女と関係ができた男性が、別れの歌を紅葉の枝につけて女性に贈る。
——君がため　手折れる枝は　春ながら　かくこそ秋の　もみぢしにけれ
(あなたのために折った枝は、春にもかかわらず秋のように色づいていいます)

それに対する女の返事は、

――いつのまに　うつろふ色の　つきぬらむ　君が里には　春なかるらし

（いつの間に色が変わったのでしょう。あなたの里には春がないのですね）

というもので「色が変わった」、つまり男の心変わりを怨《えん》じるとともに、春がない＝秋ばかり＝飽きたのですね、と自分を置いて去る相手のつれなさを手厳しく指摘している。

また関東の話になるが、江戸時代の新吉原京町・三浦屋という遊郭では、最高級の遊女に高尾太夫という名を与える慣例があった。七代目までいたとか、いや十一代目までだなど、その人数は明らかではないが、当時、「高尾」と「高雄」の表記は混在していたので、遊女の高尾は紅葉にちなむ名とみなされていたようだ。初代高尾太夫と伝えられる女性は「寒風に　もろくも落つる　紅葉かな」の辞世の句を残している。

今日、我々は紅葉を見ても、「ああ、秋だなあ」と季節の訪れを感じるばかり。だがかつてはこの彩りに艶っぽいものを感じ取る者もいたとすれば、我々はその瞬間、今も昔も変わらぬ光景を間にはさんで、遠い古しえと対峙しているのかもしれない。

冬

広沢池の鯉揚げの様子

12　師走の風物詩・広沢池の鯉揚げ

　毎年、暦が十二月に入ると、急に時間の流れが加速する。クリスマスと年末が手に手を取って押し寄せ、やれお歳暮だ、大掃除だと気持ちの急かされることばかり。二十代の頃からアルバイトを続けている大学の研究室では、卒業論文締め切りを目前に学生も教授もドタバタし、眺めているだけのわたしまで落ち着かぬ思いに駆られる。

　そのせいだろうか。生まれてこの方の京都暮らしにもかかわらず、わたしにはいまだ参加したことのない師走の古都の行事が複数ある。たとえば赤穂浪士討ち入りの日の十二月十四日に、大石内蔵助が隠棲した京都・山科で行われる山科義士まつり。月の半ばから大晦日まで、東山の六《ろく》波羅蜜《はらみつ》寺で行われる重要無形民俗文化財指定の空也《くうや》踊躍念仏《ゆやくねんぶつ》。中でも毎年どうしようと悩む癖に結局足を運べぬままなのが、嵯峨野・広沢池の鯉揚げだ。

　広沢池は平安時代中期、中国の景勝地を模して作られたという人工池。古くは月の名所、近年は時代劇のロケ地として親しまれたこの池では、毎年春に鯉の稚魚が放流される。半年余を経た十二月上旬に池の水を抜き、成長した鯉を始め、モロコや鮒など池から揚がった魚たちを直販するのが風物詩としての鯉揚げだ。

広沢池の鯉は泥抜きをする必要がないと聞くので、ぜひこの鯉を使った味噌汁、鯉こく作りにチャレンジしたい。一方で、広沢池の鯉は活きがいいため、食用ではなく観賞用に買い求める人もおいでと聞く。わたしはこと生き物に対しては気が弱いため、鯉を買ったはいいが食べるに忍びなくなり、飼育の方針に舵を切ってしまいそうな気もする。実のところ、わたしが鯉揚げに出かけられぬ最大の理由はここにある。

ちなみに年末と鯉という組み合わせは、京都のみに限った話ではない。ヨーロッパ北東部、ことにポーランドではクリスマスに鯉を食べる習慣があり、毎年この時期になると生きた鯉が店頭に並ぶ。各家庭では浴槽に鯉を放して泥抜きを行うというから、ポーランドの方々からすると泥抜き不要の広沢池の鯉は、実に便利な品に見えるのではないだろうか。

かの地のクリスマス鯉料理の中でも親しまれている品は、カルプ・フ・ガラレチェと呼ばれる一皿。スープで煮た鯉と野菜をゼリーで固めた料理で、わたしが読んだレシピ本では「よりおいしく作るにはスープに鯉の頭を加えるといい」とあった。

その一文に触れた瞬間にわたしが思い出したのは、十四世紀の随筆集『徒然草』の一節だ。いわく、「鯉の羹《あつもの》食ひたる日は、鬢《びん》そそけずとなん。膠《にかわ》にも作るものなれば、粘たるものにこそ（鯉の汁物を食べた日は、鬢の毛がけばだたないという。膠にもなるものだから、粘り気があるのだろう）」とあるのだ。

鯉がゼラチンの多い魚なのは、確かに事実。それが文字通り古今東西で認識されているのは、鯉が人々に長く愛され続けていればこそだ。

田中角栄と錦鯉

広沢池が嵯峨野に作られた頃、平安京の貴族たちは時折、「一種物《いっすもの》」という遊びを催していた。これはそれぞれが一種類の肴を持ち寄って行う宴会で、今風に言えば持ち寄りパーティだ。後に「賢人右府《けんじんうふ》」と讃えられるほど物知りの貴族・藤原実資は、日記『小右記』の中で、永延元年（九八七）の春に催された一種物において、ある人物が魚卵と膾を腹の中に詰めた鯉を持参したと記している。

なるほど平安期の史料には貴族が頻繁に鯉を食べている記録が見られるし、贈答品としてやりとりされる例も多かったようだ。ではその鯉はいったいどこから得ていたのかというと、どうもそれぞれの屋敷の池に泳いでいるものをそのまま食用に転用していたらしい。

『源氏物語』よりも前に記された長編小説『うつほ物語』には、ある屋敷が池に面した釣殿《つりどの》を造営し、そこで人々が遊ぶシーンが描かれている。皆が音楽を奏でる一方で、池に網が打たれ、鵜《う》が放され、鯉や鮒が捕らえられる。併せて、食用の菱の実や山桃などが集められているので、これらはそのまま宴の席に供されたと考えるべきだろう。

鯉は飼育しやすい魚で、古くは『日本書紀』にも、ある女性の住まいに面した池に鯉を飼ったとの記述がある。それだけに、屋敷内に大きな池を巡らせていた平安貴族が、そこに鯉を放っていたとて不思議はない。当時は緋鯉も錦鯉も存在しないので、これらはすべて鱗の黒い真鯉だろう。きわめて個人的な感覚からすると、その飼育の意図はペットと食用魚の境界線が曖昧で戸惑いを覚える。しかしそこに困惑するからこそ、わたしはいまだに食用・観賞用のラインが各自次第な広沢池の鯉を買えぬのだろう。

ところで今日、国内制作のテレビ番組や映画で富豪や政治家の自宅が描かれると、しばしば屋敷の錦鯉に餌をやるシーンが挿入される。これは鯉の一大産地・新潟県を地盤とした田中角栄元首相が、自邸に多くの鯉を飼い、それらに餌をやる場面がお茶の間に広まったことから、錦鯉＝権力の象徴とのイメージが定着したためらしい。ただ昭和四十一年（一九六六）に日本経済新聞に連載された田中の「私の履歴書」を読むと、彼と鯉の関わりは父親が養鯉事業をしていたことに遡ると分かる。

ある夏、父から鯉揚げに誘われた田中少年は、なぜこんな盛夏にと不審を抱く。実はそれは日照りで近隣の畑に水が足りず、池水を放出するための鯉揚げだったのだ。何百匹もの鯉を殺さねばならず、他の事業もなかなかうまくゆかなかった父親の心境に思いを馳せる田中の筆はいたわりに満ちており、鯉に対する重層的な思いが透けて見えるようだ。

それに比べれば、食べるべきか飼うべきかなぞというわたしの逡巡など馬鹿馬鹿しいほどつまらぬもの。ただいずれにしても覚悟が定まらぬとなれば、鯉揚げは当分、見送りとなりそうだ。

13　皇太子ニコライと京都ホテル

このところ、ホテルの宿泊料金が全国的に急上昇しているらしい。ことに凄まじいのが大阪のホテル需要の高まりで、高い安いをとやかく言う前に、そもそも空き室そのものが見つからないと聞く。

京都はそれに比べれば、師走に入り紅葉シーズンが去った後は年末年始のお休みまで、ほんの一瞬だけ観光客が減り、ホテルの料金も少し落ち着く。ゆえにそういった事情に通じている方は、十二月上旬、名残の紅葉を狙って京都にお越しになることが多い。

二〇二〇年から始まった新型コロナ禍は、多くの産業にストップをかけた。ただ少なくとも京都の宿泊産業に関しては、コロナ禍の最中もじりじりと施設数・部屋数を増やし続けていたというから驚きだ。実際、街中を歩けば、ちょっとした小路にすらペンシル型のホテルが建ち、朝夕はキャリーケースを曳いた観光客が忙しく行き交っている。もっともそういったホテルはレストランも宴会場も備え付けられていないため、京都市民の日常生活とは縁遠い施設となっているのだが。

京都は長年、日本の首都として機能し、江戸に幕府が開かれた後も、天皇の暮らす特別な地で在り続けた。それだけに京都の市中には古くから宿泊施設が軒を連ねていたが、ことに近世、東海道が整備され、各地に宿場が置かれると、東海道西の起点である京都・三条大橋近辺には多くの旅籠《はたご》が建ち並んだ。

江戸時代後期の戯作者・十返舎一九は『東海道中膝栗毛』の中で、江戸から西へと旅をした弥次郎兵衛と喜多八を三条界隈に泊まらせようとし、「編笠屋」なる旅館を登場させている。

ところで儒学者・本草学者として知られる貝原益軒《かいばらえきけん》が書いた『京城勝覧《けいじょうしょうらん》』を筆頭に、江戸時代には京都の名所図会《めいしょずえ》――つまり一種のガイドブックが、多く刊行された。これらの中には三条大橋を起点として名所を案内しているものが大変多い。益軒は福岡藩の藩士だったが、藩命を受けて京に六年間遊学し、帰国後も事あるごとに京都に出かけた事情通。『京城勝覧』は三条大橋から始まる日帰り観光コースが十七例記された実用的な旅行案内で、改訂の過程では三条から各地名所までの距離一覧も書き加えられている。それだけ三条から観光に出かける人が多かったわけだ。

江戸・大坂・京都の風俗を比較・紹介した幕末の書物『守貞漫稿《もりさだまんこう》』によれば、三条界隈の宿屋の中でも、ことに「茶久」なる宿屋は格が高く、「江坂の豪富等を宿すを専《もっぱ》らとし、人品不良の者は泊めず（江戸・大坂の金持ちが多く泊まり、身形《みなり》・人柄が怪しい者は泊まれなかった）」という。今日のホテルでもカプセルホテルからシティホテルまでさまざまな種類があるように、近世京都の宿にもランクがあったらしい。

明治から大正にかけて京都を四度訪れた夏目漱石は、三条大橋西の「萬屋」やそこから北に二百メートルほど上がった「北大嘉《きたのたいが》」に宿泊している。また漱石の死から五年後、己の生き方に迷走していた宮沢賢治は、父・政次郎とともに関西方面を旅する。この時、父子は萬屋近くの宿屋「布袋屋」に泊まっている。これらの施設はいずれも現存していないが、史料を調べると、「布袋屋」だけでも様々な人物が出入りしていたことが分かって面白い。たとえば大正二年（一九一三）には、後に帝国美術院院長となる洋画家・黒田清輝が、布袋屋に宿泊中の知人を訪ねた旨が、清輝自身の日記に記されている。清輝はこの時、東山・高台寺近くの知人の別荘に滞在しており、昼間は布袋屋と目と鼻の先の「京都ホテル」で昼食を取っている。

季節外れの五山送り火

この京都ホテルは現在も河原町御池交差点北東で、ホテルオークラ京都として営業を続けるホテルの前身。元々は明治二十一年（一八八八）に「京都常盤」という名で旅館を開業した神戸の富豪が、翌年、そのすぐ近くに新設したホテルが始まりだ。これは京都初の本格的西洋式ホテルで、直後は常盤ホテルとも呼ばれていたという。

明治二十四年、二十三歳のロシア帝国皇太子・ニコライは、父帝の名代としてシベリア鉄道起工式に参列する途中で日本に立ち寄り、五月九日からこの京都ホテルに滞在した。三条大橋の宿を起点に観光に出かけた江戸時代の旅行者ではないが、ニコライ一行も翌日から京都市内各地を巡り、十一日には滋賀県大津に日帰り旅行を行った。だが琵琶湖を見物して、いざ帰路に就こうとしたその時、護衛に当たっていた巡査・津田三蔵が腰に帯びていたサーベルでニコライに斬りかかり、頭部に約九センチの怪我を負わせる。いわゆる大津事件だ。

大国ロシアの皇子が襲撃される一大事に、伊藤博文を始めとする政府首脳、更には明治天皇自らが京都ホテルに駆けつけてニコライを見舞った。また当時の新聞によれば、この時、市民たちは負傷した国賓をどうにか慰めようと、花や菓子の類を続々とホテルに運び込み、周辺は大混雑となったという。

京都では毎年五月十五日、上賀茂神社・下鴨神社の祭礼にして京都三大祭の一つ、葵祭が行われる。だがこの年の葵祭はニコライの負傷を受け、ひと月延期となった。一方で、実はニコライが京都ホテルに入った五月九日の夜には、市内を取り囲む山々で、本来、八月にしか行われぬ五山の送り火が彼の入洛歓迎のあかしとして焚かれている。京都の代表的な年中行事が二つも時期外れに行われては、それらの見物を考えていた旅行客はさぞ混乱したのではなかろうか。となると彼らを受け入れるはずだった京都ホテルの面々もまた対応に追われたに違いない。その様はきっと、紅葉のピークが例年と異なってしまった年の旅行業界の方々の苦労と似通ったところがあるのでは――とつい想像してしまう。

14 歌枕をめぐる旅

先日、仕事で東北の太平洋岸を一週間近く放浪した。なるべく新幹線を使わず、地に足をつけた移動を心掛けたため、電車を一本逃すと次は二、三時間後という目に遭うことが頻繁だった。途中下車をしたくても、ダイヤの都合で泣く泣く諦めねばならぬ折も幾度もあった。

中でも残念だったのは、宮城県沿岸部の景勝地・松島に立ち寄れなかったことだ。持参の地図を見れば、鹽竈《しおがま》・塩竈《しおがま》の名を持つ全国の神社の総本社・鹽竈神社も近い。

松島は天橋立《あまのはしだて》・安芸の宮島と並ぶ日本三景の一。江戸時代の俳人・松尾芭蕉が「おくの細道」の旅の途中で訪れたものの、あまりの美しさから句を詠めなかったとも伝えられる場だ。

それにしても、とわたしは思った。訪れたことのない地は、日本国内にまだまだある。だが未踏の地でも、たとえば松島や鹽竈のように、地名だけは漠然と知っているケースがあるのは何に由来するのだろう。

鈍行の電車に揺られながら、未練がましく地図を広げる。その中のある箇所に、わたしの目は釘付けになった。「末《すえ》の松山」という地名が記されていたためだ。

「末の松山って、ここだったのか！」

現在の地名では、宮城県多賀城市八幡《たがじょうしやわた》。とはいえ、この名に心当たりのない方は多いだろう。だがそんな方も、「小倉百人一首」に採られている清原元輔の次の和歌は、ご記憶ではないだろうか。

――契りきな　かたみに袖を　しぼりつつ　末の松山　波越さじとは

（約束しましたよね、互いに涙に濡れた衣の袖をしぼりながら。末の松山を波が越えることがないように、決して心変わりはしませんと）

清原元輔は『枕草子』の筆者・清少納言の父。この歌は、「末の松山を波が越えることは絶対にない」という前提を踏まえている。つまり平安時代の人々にとって、末の松山は現実の具体的な場所というより、歌に詠んだり、物事のたとえとする観念的な地だった。そして、この末の松山を越えられない「波」とは普通の波ではなく、元は津波の意味だったらしい。

二〇一一年の東日本大震災の記憶はまだ生々しいが、この一帯は過去にもたびたび地震と津波に見舞われている。その最古の記録は貞観《じょうがん》十一年（八六九）五月に発生した、推定マグニチュード八・三の貞観地震。『日本三代実録』に記された当時の被害報告には、「ひどい揺れで、人々は倒れて起き上がることができなかった。激しい波と高潮がすぐさま押し寄せ、海を離れた数百里の場所まで、原っぱも道もすべて海と化し、千人ほどが溺死した」とある。

末の松山近辺は高台で、東日本大震災の際も近隣の市街地は浸水したが、この一帯は無事だった。つまり貞観地震の時、波をかぶらずに済んだ末の松山の名が遠い都に伝わり、起こりえぬ出来事のたとえとされるに至ったわけだ。

「末の松山」の語句は、すでに延喜五年（九〇五）に編纂が命じられた『古今和歌集』収録の恋歌にも使われている。大地震から三十年ほどで、津波被害を免れた地名が完全に修辞上の用語と化しているのだから驚きだ。

こういった地は全国に多く、松島や鹽竈も平安期の歌に多く詠まれた土地。ただ当時の貴族は、「末の松山」同様、それらに実際に足を運んだわけではない。彼らが土地のイメージを繰り返し歌に詠むことで、それらの場所はますます修辞上の地として文学世界に根付いていく。こういった地名を「歌枕」と呼び、平安時代以降にはこれらの名所を求めて旅をする者も現れた。その一人が平安末期から鎌倉初期にかけての歌人・西行法師で、西行の五百年忌に当たる年、彼を慕って旅に出たのが松尾芭蕉だ。そして我々が今、「松島」と言われてすぐ芭蕉を思い出すとなれば、令和の今日もなお、我々は平安時代の歌枕を通じて国内の名所を把握しているとも言える。

「歌枕見てまいれ」

とはいえ、歌枕は決していい用途にばかり使われたわけではない。長徳元年（九九五）一月、藤原実方《さねかた》という貴族が、陸奥国——つまり今日の東北地域の国司になると決まった。彼は一時期、清少納言と男女関係にあり、つまり「契りきな」の歌を詠んだ清原元輔には婿となりえた存在だ。説話集『十訓抄《じっきんしょう》』には、実方の陸奥国司着任の経緯として、彼が藤原行成という貴族に乱暴を働いたところを時の帝、一条天皇に見咎められ、「歌枕見てまいれ」との言葉を賜ったと記されている。「まあ、観光でもしてこいよ」という上司の言葉とともに、地方営業所に飛ばされた

――と言い換えれば分かりやすいだろうか。

この左遷経緯そのものは創作と考えられているが、実際に彼は陸奥国司として現地に下り、在任中に不慮の事故で亡くなっている。当時の陸奥国の役所は多賀城に在ったと推測されるので、実方は末の松山を目にしたのではないだろうか。

なおこの逸話で被害者とされる藤原行成は、小野道風・藤原佐理と並ぶ書の三蹟の一人。彼は官僚としても有能で、歴代天皇はもちろん、藤原道長からも厚い信頼を受けている。まったくの偶然だろうが、六歳年上の道長と同じ日に亡くなったというエピソードの主でもある。

そんな行成もまた清少納言とは親しく、『枕草子』には「頭弁《とうのべん》」という名で登場する。これまた「小倉百人一首」収録の「夜をこめて　鳥の空音《そらね》は　謀るとも　よに逢坂の　関は許さじ」という清少納言の歌は、彼女の所に来たにもかかわらず、所用で早々に帰宅した行成の言い訳への返歌とされる。彼らは男女の仲だったとも、友人関係だったとも諸説あるが、ここに登場する「逢坂の関」は現在の京都府と滋賀県の間に位置する歌枕。「逢う」という言葉を含みながら、京と東国を隔てる別れの場でもある点から、多くの歌に詠まれている。

清原家の父娘がそれぞれ歌枕を詠み込み、彼らに関わる貴族二人もまたそんな歌枕の縁につながっている。そして我々もまた歌枕文化の端っこにぶら下がっていると考えれば、平安の人々が急に身近に感じられる。

15　道真が聞いた鐘の音は

スマートフォンの防災アプリが北陸地方での大きな揺れを知らせ、驚いてテレビをつけた直後、ふわりと建物が揺れた。二〇二四年の幕開けは、日本列島を揺るがす激震とともに始まってしまった。実はわたしは大晦日から元日にかけて奈良で自主カンヅメをしており、その瞬間はホテルで仕事をしていた。

関西に被害らしい被害はなかったが、帰路、京都に向かう電車のダイヤは乱れていた。スマホで検索すれば、関西圏の様々は分かるのに、石川県北部の情報が全く入ってこない。阪神大震災の時も似たことがあった。一番被害が大きい場所ほど、当初、情報が入って来ぬのだと心配になった。

カンヅメの地に奈良を選んだのは、京都以外の土地で新年を迎えた経験がほとんどなかったためだ。息抜きを兼ねて散歩に出、日付が変わるや否や春日大社や東大寺大仏殿に初詣に向かう人の列、かねて美しいと聞いていた深夜の東大寺二月堂などを興味深く眺めた。中でも印象に残ったのは、深夜零時を挟んで聞こえてきた除夜の鐘だった。

——長き夜や　初夜の鐘撞く　東大寺

とは明治二十八年（一八九五）秋、奈良を訪れた俳人・正岡子規が詠んだ一句。彼の随想「くだもの」によれば、子規が夕食後、宿の下女に柿を剝かせていたところ、初夜——つまり午後八時を告げる東大寺の鐘が鳴ったことを面白く感じたという。

子規はもともと柿が好物だったが、この時は柿が食べたいという彼の要望に対し、下女が「一尺五寸（約四十五センチメートル）もありそうな錦手《にしきで》の大丼鉢に山の如く柿を盛て来た」という。およそ食後のデザートの分量ではない。風情ある句がデカ盛りのフルーツに彩られているとは、妙な親しみが湧いてくる。

正岡子規と柿といえば、「柿食えば　鐘が鳴るなり　法隆寺」の歌がよく知られている。子規はこの奈良滞在中、「柿などというものは従来詩人にも歌よみにも見離されておるもので、殊に奈良に柿を配合するというような事は思いもよらなかった」と気づいて喜び、奈良と柿の句を複数詠んでいる。「柿食えば」はその中の一句だが、そもそもこれは東大寺の鐘を聞きながら柿を食べた心境を翌日訪れた法隆寺に仮託したとの説もある。

今日でも原則、子規が聞いたのと同様に毎日午後八時に撞かれる東大寺の梵鐘は、京都・知恩院の大鐘、徳川家康がその銘文に文句をつけたことが豊臣家滅亡の引き金となった方広寺の鐘と併せて、日本三大梵鐘と呼ばれる。八世紀、東大寺創建当時に作られたもので、重さは二十六トン超。国宝指定を受けており、年越しの夜には参拝客が除夜の鐘を撞ける。

千三百年近くも昔に鋳られた文化財が今なお現役で使われているとは興味深いが、「奈良太郎」の異名を持つこの鐘より古いのが、京都の妙心寺と福岡県太宰府市・観世音寺の梵鐘だ。この二つは同じ鋳型を使った兄弟鐘と考えられ、妙心寺の方は戊戌《ぼじゅつ》年、つまり文武天皇二年（六九八）に鋳造されたと銘文にある。

妙心寺の鐘は現在、鐘楼から下ろされ、二代目が時を告げているが、観世音寺の方は現役。わたしはかつて観世音寺にお邪魔した際、ご住職のご厚意でこの梵鐘を撞かせていただいた。昌泰四年（九〇一）に京都から大宰府に左遷された菅原道真は、観世音寺からほど近い館に暮らしており、「不出門《もんをいでず》」という漢詩でこの鐘の音に言及している。道真さまも聞いた音を鳴らすと思うと緊張し、ひどいへっぴり腰で鐘を撞いて、同行の編集者に笑われた。

ところで現在、我々は音を表現する時、一オクターブをドレミファソラシの七音に分け、それぞれの主音をもとにハ長調とかニ短調といった調子を決める。こういった音楽理論は古代にもあり、日本では中国伝来の理論に従って一オクターブを十二音に分け、壱越《いちこつ》・黄鐘《おうしき》などといった名を各音につけた。そしてそれぞれの音を主音とする調子を壱越調、黄鐘調などと呼んだ。

鐘の音楽理論とは

寺の鐘の音はよく聞けば、それぞれに高低差がある。これは原則的に日本古来の音楽理論に基づいており、吉田兼好は『徒然草』の中で「凡《およ》そ鐘の声は黄鐘調なるべし」、つまり鐘は黄鐘調の音色がいいと記している。兼好によればこの音は世の無常を感じさせる響きで、釈迦が布教の拠点としたインド・祇園精舎の鐘の音もやはり黄鐘調だったという。

西洋音楽にあてはめれば、黄鐘はハ長調のラ音。NHK時報の「プ・プ・プ」の音がそうだというが、わたしなぞは凡人のせいか、あの響きに無常を感じると言われてもまったくぴんと来ない。

近年は鐘の音がうるさいと苦情が寺院に寄せられることもあり、都心部などでは除夜の鐘を自粛する寺もあると聞く。ただ吉田兼好の弁に従うなら、寺の鐘とは単に時を告げるだけではなく、仏教の教えを説くありがたい存在のはずだ。

実は古代日本では十二の音は、世のすべてが木・火・土・金・水の性質を持つと考える陰陽五行説にあてはまるとされていた。たとえば盤渉調《ばんしきちょう》は水の性質で、方角で言えば北、平調《ひょうじょう》は金の性質で方角は西を表す——といった具合だ。

音楽学者・中川真氏は『平安京　音の宇宙』（平凡社ライブラリー）の中で、京都に残る各寺の梵鐘の音を調べ、北の大徳寺の鐘は「盤渉調」、西の神護寺の鐘は「平調」と、鐘の音は京内の位置によって異なり、それは陰陽五行説に従うとの説を提唱なさった。

すべての寺の鐘が創建当時から残っているわけではないので、今日、我々が聞くことが出来る響きはかつてとは大きく異なる。ただもし中川氏の説が正しければ、毎朝夕、京を押し包んでいた諸寺の鐘が、年越しの夜、百八つも一斉に鳴らされた時、そこには一大ハーモニーが生まれたのではなかろうか。

大晦日の夜は一年を振り返り、新たな年に思いを馳せる時間。そこに年に一度だけ鳴るハーモニーが重なっていたとすれば、その夜は都の人々にとって、他に比べられぬ聖なる夜だったのかもしれない。

16 相撲の歩みは『日本書紀』から

毎年、年始に漠然と一年の目標を立てては、まったく実行されないことを繰り返している。

ここ数年の目標はずっと、「適切な休みを取る」だった。わたしは忙しいアピールは自己管理が出来ていないことの言い訳に過ぎないと思っているし、そもそも質のいい仕事を続けるためには適切な休息が不可欠だ。だがそう言いながらわたし自身、恥ずかしながらこのところはずっとまともな休みとは無縁の日々が続いている。毎年恒例としている大学の同期との旅行においてすら、部屋飲み中の仲間のかたわらで、わたし一人、持参したノートパソコンを叩いている有様だ。下戸なので、自分だけ飲めないことは苦にならない。一年間の様々を語り合う友達の会話をBGM代わりに仕事を終わらせ、宴会が果てそうなタイミングでやっと「終わったあああ！」と乱入する。どう考えても迷惑極まりないが、もはや友人たちも慣れっこだ。大変ありがたい。

というわけで、今年もどうせその目標は実行不可能だろうと諦め、もう一つ、別のものを設定した。それは「スポーツ観戦をする」だ。

生来運動嫌いということもあり、わたしは生まれてこの方、スポーツを生で見たことがない。唯一の例外がマラソンと駅伝だが、これは京都の街中でしばしば長距離走の大会が開かれるからに過ぎない。たまたま外出の折に交通規制に引っかかり、解除を待つまでの間に観覧するだけで、意図的にスポーツを見に行ったことは皆無だ。

それが珍しいらしく、ここ数年、友人・知人があれこれスポーツ観戦に誘ってくれるようになった。バスケットボール、プロ野球、フィギュアスケート。そんな中で珍しく、「あっ、行ってもいいかも」と思ったのは、大相撲観戦だった。

もっとも近年、大相撲興行は大人気だそうで、誘ってくれた友人自身、毎回、チケット争奪戦に負けている状態。それゆえまだ観戦は幻のままだが、実のところわたしは相撲の字を見ると、「すもう」ではなく歴史用語の「すまい」と発音しそうになる。

相撲の歴史は古く、すでに『日本書紀』にその名が見える。奈良時代から平安時代にかけては、全国から集められた相撲人《すまいびと》という力自慢が、天皇の前で組み合う相撲節会《すまいのせちえ》という儀式も行われた。この相撲人は今日の相撲取り同様に人気者だったらしく、『今昔物語集』『宇治拾遺物語』といった説話にもしばしば登場する。中でも有名なのが、甲斐国(現在の山梨県)の大井光遠《おおいのみつとお》なる相撲人だ。自身のみならず妹までが怪力で、彼女を人質に取ろうとした男が仰天するという逸話もある。

大井光遠は藤原行成の日記『権記』などにその名を認められる人物。もっとも長保二年(一〇〇〇)に行われた相撲召合《すまいのめしあわせ》で、光遠は七月二十七日、翌二十八日と立て続けに負けている。ただ同じ『権記』によれば七年後、寛弘四年の相撲では一戦は不成立、もう一戦は見事勝利しているので、ここでどうにか汚名返上できたようだ。

現在の現役力士は、二十代、三十代がほとんどと聞く。だが藤原実資が記した『小右記』には、土佐国（高知県）から五十三歳の相撲人がやってきたとの記録がある。この相撲人はその七年前にも相撲節会に参加しているので、当時の相撲人の年齢層は幅広かったと見える。平均寿命が現在より格段に短い時代にと思うと興味深い。

ちなみにこの相撲節会で一番になった人物は、そのまま都の内裏を警護する近衛府に召し抱えられることもあった。現在の映画で時々、元プロレスラーや元力士がボディガードとして雇われている——といったシーンが見られるが、まさにあれと同じケースと言ってもいいだろう。

池波正太郎の年賀状

もっとも天皇が見る儀式としての相撲は、武家社会の始まりとともに廃絶する。最後に相撲節会に臨んだのは、平清盛の娘・徳子を中宮とした天皇・高倉帝だ。今日の我々が知る相撲は、その後の武士たちの訓練や遊戯の中から始まり、それが庶民層にも広まった別種のもの。現在、相撲の本拠地がお江戸であり、京都ではせいぜい巡業相撲しか行われないのも、そのためだ。

ただ相撲人——もとい相撲取りが人気者であることは、主催者が誰になっても変わりはなかったらしい。たとえば寛延二年（一七四九）初演の浄瑠璃「双蝶々曲輪日記《ふたつちょうちょうくるわにっき》」、はたまた明治二十三年（一八九〇）初演の「神明恵和合取組《かみのめぐみわごうのとりくみ》」のように、近世以降、相撲取りはしばしば演劇作品に登場し、「相撲狂言」と呼ばれる一ジャンルを成す。とりわけ今でもよく名を目にするのが、昭和六年（一九三一）に長谷川伸が発表した『一本刀土俵入』だ。そう、三波春夫や島津亜矢が歌っているあの歌の元ネタだ。

長谷川伸は『瞼の母』や『沓掛《くつかけ》時次郎』の作者、そして主宰した小説勉強会で池波正太郎を指導した人物だ。池波は二十五歳で長谷川のもとを訪ねて以来、約十五年に及んで彼を師と仰ぎ続けた。彼はエッセイの名手としても知られるが、そこには長谷川の思い出も頻繁に登場する。

そんな池波は時候の挨拶に生真面目で、千数百枚に及ぶ年賀状の宛名を必ず自書し、一言書き添えていた。そのため彼は年が明けると早々に、次の年賀状の支度を始めていたという。実はかれこれ四十数年前、わたしの母・澤田ふじ子が小説現代新人賞を得て作家デビューした際の選考委員の一人が池波だった。この縁で我が母は氏と毎年年賀状のやりとりをしていたが、生真面目な池波に対し、母は時候の挨拶には少々いい加減なところがある。しかしそれでも、「先生から年賀状が来るから、止めるわけにいかへんわあ」と、毎年末、必死に年賀状を書いていた。その名残か、今でもなお実家では年賀状が細々と継続中だ。

かく言うわたしは多忙に追われ、最近はまともに年賀状を出せていない。というわけで一年の抱負にはもう一つ、「ちゃんと年賀状を出す」も付け加えるべきかもしれないが——ううむ、どうも実現できる自信がない。

17 大河ドラマに楽しくだまされたい

小説・映像の別なく、歴史時代劇といえば、やはり戦国と幕末が人気だ。NHK大河ドラマを例に取れば、二〇二四年には平安時代中期を舞台とする「光る君へ」が放送されたが、それでも六十四作を数えるこの番組のうち、幕末を描いたものは十五作、戦国を舞台とするものは二十六作と、この二つの時代だけで過半数を占める。

そんな大河ドラマ史上にあって、『源氏物語』の作者・紫式部を主人公とする「光る君へ」は、過去二番目に古い時代を舞台としていた。最古の時代を扱った大河ドラマは昭和五十一年（一九七六）放送、主演の加藤剛が平将門を演じた「風と雲と虹と」だ。どうでもいいかもしれないが、わたしが生まれる前年の作品なので、やはりかなり昔のドラマと感じてしまう。

つまり「光る君へ」は、平安時代中期を描く作品としては実に四十八年ぶり。女性主人公の大河ドラマ作品では史上最古とあって、制作が発表されたその日からわたしの周囲は俄然にぎやかになった。

わたしは大学での専攻が日本古代史で、小説家デビューの直後から奈良時代・平安時代を舞台とする作品を複数刊行してきた。また紫式部の生きた時代を研究している知人も多いため、放送日が近づくにつれ、気もそぞろな気配が辺りに漂った。

とはいえ、わたしを含めた周囲がただ浮かれてばかりいたわけではない。久々の平安時代大河ドラマへの期待は、不安と表裏一体だった。

若い世代のテレビ離れなどという言葉が聞かれはするが、それでもテレビ番組の影響力はいまだ大きい。ましてや時代劇の地上波放送がかつてに比べて激減している今、大河ドラマは歴史やそのただなかの人物を正面から描く数少ない番組だ。視聴者の歴史観に与える影響は、決して無視できない。加えてこれが他の時代であればともかく、平安時代の映像化作品は映画や大河ドラマ以外の番組を含めても多くない。

織田信長について考えてみよう。彼を描いた創作物は過去に数え切れぬほどあり、映像化作品に登場する機会も多い。大河ドラマだけで数えても、信長は全部で十九回も描かれている。そのため、彼がいま、どんな人物に設定されようとも、一般的な織田信長のイメージが大きく変化することはない。平成四年（一九九二）に緒形直人さん演じた信長（「信長 KING OF ZIPANGU」）と令和五年（二〇二三）に岡田准一さん演じた信長（「どうする家康」）、どちらも視聴者は「これはドラマの信長だから」と受け止めるだろう。

しかし紫式部の——というか、平安時代のイメージは違う。これまでフィクションや映像化作品が少なく、またその時代に馴染みがないからこそ、ここで作られる紫式部像は長く多大な影響を及ぼすはずだ。

大変失礼な言い方になるのは百も承知だ。しかしドラマの出来が悪ければ、この先の日本における平安時代のイメージそのものが大きく損なわれかねない――という漠然とした不安を抱かずにはいられなかった。

とはいえ、そんな悲観の一方で、初めてリアルタイムで平安時代中期のドラマを見られる事実に、わたしは意外に胸ときめかせていたらしい。放送開始前の十二月のある日、京都で「光る君へ」第一話のパブリックビューイングが行なわれるとの告知を見付けた瞬間、何の迷いもなく申し込みボタンを押していた。そんな自分に驚きもした。

歴史の入り口としてのフィクション

こういったイベントには登壇者として加わるばかりで、一般参加は初体験だ。第一部には大学教授による平安時代の講義があり、放送をみなで大画面で見た後には、主演のお二人がトークをしてくださる。そんなお得なイベントゆえ、落選する可能性も高そうだが、そのドキドキも楽しめればと思った。

ところが滅多に応募しない分、ツキが集まったのかもしれない。ありがたいことに当選の葉書が届き、当日はいそいそと会場に向かった。約八百席の会場は満員で、倍率は何と二十倍に及んだという。年齢層は幅広い。また京都府外からの参加者もかなり多い様子だった。

かくしてわたしは会場の舞台いっぱいの大画面で第一話を楽しんだが、その直後には、SNS上で作中の平安時代の描き方についての議論が沸き起こった。穢《けが》れを避ける当時の貴族の考え方をどう捉えるのかといった問題提起を始め、考証についての指摘も多かった。それは放送回数が重なった後も変わらず、数々の議論や分析も含めて、大河ドラマを彩る楽しみともなっていった。

そして最終回まで見終えた上でわたし自身の包み隠さぬ感想を言えば、「光る君へ」はストーリーにおいて、大変フィクション性の高い作品と感じた。史実に鑑みると、あり得ぬ設定も多い。紫式部と藤原道長が生涯を通じて関わりを持つとの大前提はやはり無理がある。また穢れ云々の議論を差し引いても、第一話の衝撃の展開もできすぎだ。――しかし、だ。

先ほどからつらつら書いてきたように、平安時代は一般に馴染みの乏しい時代だ。そんな時代の物語として、わたしは「光る君へ」を大変楽しく見た。誰も知らぬ過去と時代の推移を生き生きと展開している点において、「楽しくだまされる」嬉しさを覚えた。

歴史とはそもそも馴染みを持ちづらいものだ。史料は読みにくいし、身分制社会は現代人にとって取っつきづらい。歴史創作とはそういった史実すべてを物語の力で折り伏せ、フィクションの中に畳み込むことだとわたしは考える。

もちろん、言いたいことが皆無ではない。ドラマ性の高さは、そのフィクション部分すらも史実として視聴者に刷り込んでしまうこともあり、日本人の今後の平安時代観に大きな影響を与えた可能性も高い。だが歴史とはそもそもイメージから関心を持ち、親しんでいくものでもある。平安時代の入り口を広げてくれたという点を、高く評価したいと思う。

18　平安貴族に見る酒と出世の日本史

体質的に酒が飲めないと公言して、かれこれ二十年。はじめのうちは、「いや、頑張れば飲めるようになるって」「一杯ぐらい大丈夫でしょ」と強いられることも多かった。しかし世の中も少しずつ変化し、アルコールハラスメント、通称・アルハラとの言葉が一般化した令和のご時世、嫌な思いをする機会ももはや過去の話――と思った矢先のことだ。

「いや、それは飲まないと」

と、先日、久しぶりに無理やりワイングラスを目の前に置かれた。

異業種の方々とご一緒したある宴席。わたしの隣にいらした男性が、彼には目上に当たる別の方が勧めて来られたワインを断ったわたしを、「○○さんが勧めているんだからいただかないと!」と制したのだ。

なるほど。世間には、自分が人にへつらう手段として他人に酒を飲ませるケースもあるのか。腹が立つよりも、感心した。もっとも飲めないものはどうしたって飲めないので、注がれたワインは右から左に置き直しただけで、その後は手も触れなかったのだけど。

忘年会や新年会、はたまた歓送迎会など、日本では組織単位で酒を飲む機会が多い。アルハラという概念が生まれ、それが悪しきものと見なされるに至ったのはそんな背景によるのだろうが、そもそもこの国では古くより飲酒と組織は不可分だった。なぜなら奈良時代や平安時代の貴族社会で、飲酒――というか宴会は、政治や儀式の一部だったためだ。

一例として、毎年元日の天皇や貴族の動きを見てみよう。天皇はまず大極殿《だいごくでん》で、貴族たちから正月の祝賀を受ける。その後、座を移して、今度は天皇が主催する宴が開かれる。途中で音楽が奏でられたり、参加した貴族たちに天皇から賜りものがあったりするが、これは決して今日の我々が考える新年会ではない。天皇と臣下が酒食を共にするという、れっきとした「儀式」なのだ。

こういった天皇が貴族を集めて行う公式な宴会を、節会《せちえ》と呼ぶ。正月なら元日、七日、十六日。この他、三月三日、五月五日、七月七日といった節目の日や、外国の使節が来たり、反対に唐国に渡る遣唐使が任命されたりしたときにも開かれる。仕事で酒が飲めるのを嬉しいと取るか、面倒と取るか。それは人によって異なるだろうが、上司部下との酒の飲み方が現代以上に地位や出世に関わっていたことは間違いがない。わたしのような下戸は、相当苦労させられただろう。

しかもこの節会にはしばしば、穏座《おんのざ》という二次会も設けられていた。いや、節会は儀式なのだから、当時の人々の認識としては穏座こそが我々の思う「宴会」とするのが正しい。ただいずれにしても、彼らはそこでも引き続き酒を飲んでいたわけなので、貴族社会と酒は切り離せないものだったわけだ。

一方、こういった仕事としての飲酒の他、個々人で酒を嗜む者も、当然存在した。そんな人々の中で興味深いのが、京都もとい平安京に都を定めた桓武天皇の父親・光仁天皇の酒の飲み方だ。数え年六十二歳、当時にしては高齢で天皇の座についた彼は、もともとの名前を白壁王《しらかべおう》といい、大化の改新（乙巳《いっし》の変）を断行した天智天皇の孫。ただ少年時代に父親を亡くしたこともあって出世は遅く、世間的には半ば忘れ去られた不遇な皇族だった。

彼が青年・壮年期を過ごした奈良時代末期は、藤原氏が権力を握りつつある時代だった。二十一歳の時には、当時左大臣として政治を執っていた長屋王が、四十九歳の時には、前左大臣の息子・橘奈良麻呂と長屋王の皇子たちが、それぞれ政《まつりごと》を覆《くつがえ》さんとしたと疑われて死に追い込まれる。そんな危険極まりない状況の中で、どうにか生き残る術を模索した白壁王は、「酒を縦《ほしいまま》にして迹《あと》を晦《くら》まし、故をもって害を免ずる」、つまり酒に溺れるふりをして世間の目をあざむき、難を逃れたと『続日本紀《しょくにほんぎ》』に記されている。縦という言葉からは、自宅でも連日浴びるように飲み続け、その噂が世間に流れるままにしたのではと推測される。

月日は流れ、怪僧とも呼ばれる道鏡を寵愛した女帝・称徳天皇が亡くなる頃には、男性の皇族は相次ぐ政変のせいで激減していた。かくして齢《よわい》六十を超えた古皇子・白壁王は見事に身を守り通し、光仁天皇として即位する。つまりこれは、酒に命を救われた例と言えよう。

酒人内親王の一人酒

ちなみに光仁天皇の子の一人に、酒人《さかひと》内親王という姫がいる。自分の身を救った酒に感謝した父親が、娘にこんな名をつけたわけではない。当時の皇族は、養育を担当した氏族の姓を名とするケースが多い。この内親王の場合、酒人連《さかひとのむらじ》氏という氏族が彼女を育てたことが名の由来だろう。もっとも酒人連氏は古くは神酒の醸造に関わった氏族なので、酒と完全に無縁というわけではない。

酒人内親王は異母兄・桓武天皇の妃となり、七十六歳で亡くなる。その死を記す『日本後紀』逸文には「容貌姝麗《しゅれい》、柔質窈窕《ようちょう》」と彼女が大変美しい女性だったと記されている。では気性はといえば、記録は「為性倨傲《ひととなりきょごう》にして、情操修まらず」と続く。倨傲とは傲慢に近い意味なので、美人だが傲慢かつ気まぐれな女性だったわけだ。ただ十七歳年上の桓武天皇は、そんな酒人内親王を好きにさせていたというから、よほどの魅力にあふれた女性だったのだろう。

一方で彼女は肉親との縁が薄く、実母・井上内親王は光仁の次の天皇位を巡る政変に巻き込まれて怪死。夫の桓武はもとより、朝原内親王という一人娘にも先立たれる。彼女が晩年に記した遺言書には、葬儀は簡略にして、財産のしかるべき分は長年仕えてくれた者たちで分けよと記されているので、高飛車な一方でサバサバしたところもあった様子だ。だとすれば長きにわたるその暮らしの中で、彼女もまた酒を――しかもわたしが遭ったような誰かにへつらうための酒ではなく、純粋に自らのためだけに酒を楽しむ折も多かったかもしれない。

19　古式ゆかしい吉田神社節分祭

歩くことが苦にならないため、外出先でもなるべく乗り物に頼らず歩きまわる。以前はそれで随分迷子にもなったが、最近はスマホで地図が見られるのでありがたい。見知らぬ土地でもずんずん歩ける。

他の運動はまったく駄目なのに、どうしてこんなに歩くのか。その遠因は小学生時代の通学路にあると思われる。我が家は当時、小学校の学区の一番端にあり、通学には子どもの足で片道三十分かかった。それも小山のそこここに本社・摂社が立ち並ぶ吉田神社という神社の境内を横切り、京都大学の校地の真ん中を通る市道を使って、やっと三十分。下校時は安全のため神社を通ってはいけないと言われ、小山の裾野をぐるりと回るルートを使っていたので、往路の倍の時間がかかった。

とはいえ、悪いことばかりではない。吉田神社は貞観元年（八五九）、藤原山蔭《やまかげ》という貴族が都の鎮守の社とすべく創建した神社で、京都でも一、二を争うほど盛大な節分祭が催される神社として知られている。その時だけは普段は森閑とした境内はもとより、京都大学を横切る市道にまで、露店がずらりと並ぶ。一説に三日間で五十万人もの人が押し寄せると言われており、節分祭の期間は小学校が短縮授業となる。我々神社を通学路とする子どもたちは、教師に付き添われ、露店が店を開け始めるそわそわとした賑わいの中、日常と非日常が混じり合う瞬間を楽しみながら、家に帰った。ただ祭を楽しむだけではなく、その始まりの時を間近に出来た胸の弾みは、今でも忘れられない。

吉田神社の節分祭では、平安時代の宮中行事・鬼やらいを伝える追儺《ついな》式が、古式にのっとって行われる。境内で暴れる三匹の鬼を、「方相氏《ほうそうし》」という人物が追い詰め、他の人々が魔除けの矢を放って追い払う儀式だ。余談ながらわたしが小さい頃は、三匹の鬼たちの中身は町内会長さんちの気のいいお兄ちゃんたちだった。鬼になってもサービス精神満点すぎて、よく子どもたちを泣かしていたけれど。

方相氏とは馴染みのない名前だが、これはもともと古代中国の官職名。黄金四ツ目の仮面をかぶり、黒と赤の衣で魔除けを行うのが仕事だったという。平安時代の日本ではこれが十二月の大晦日、内裏で病や穢れを追い払う役目とされ、右手に矛、左手に盾を持ち、二十人の童子を率いて儀式を行った。後にそれが節分に移行し、今も吉田神社で古儀として伝えられているわけだ。

この方相氏には、宮中の警固・雑用を務める大舎人《おおとねり》という役職の男性から、長大者――つまり大柄な者が選ばれたと、『内裏式』という儀式書には述べられている。

平安時代に記された法制書『政事要略』には、方相氏の図が記されている。四つの目に牙を生やし、頭には巨大な一本ヅノ。長い黒髪をぞろりと肩に流したなかなかの異相だ。素足に高歯の下駄を履いているのは、足袋が一般的ではなかった時代ゆえしかたがないが、それでもついつい

「寒くない？」と聞きたくなる。

鎌倉時代に生きた兼好法師は随筆集『徒然草』の中で、中院光忠《なかのいんみつただ》という公卿が追儺式の責任者に命じられた際の逸話を記している。どういう順で儀式を執り行えばいいのかと尋ねた光忠に、年長の公卿は「又五郎という老衛士《ろうえじ》を頼るといい」と教えたという。

衛士とは宮中内の雑務に当たる、身分の低い官人。本来なら、公卿と直接口を利けるような立場ではない。ただ又五郎は宮中の儀式に大変詳しく、ある公卿がうっかり儀式の手順を間違えた時も、篝火《かがりび》の側から〝先に敷物をお取りになった方がよろしいかと〟と「しのびやかにつぶやける」――つまり、こっそりとつぶやいて教えてくれたという。現代流に言えば、大臣クラスよりも、日々、役所を警備している人々の方が組織の内情に詳しいと言ったところだろう。方相氏を務める大舎人といい、又五郎のような衛士といい、儀式の現場は案外、末端の役人たちによって支えられていたわけだ。

なぜ豆をまくのか

――と、ここまでお読み下さった方々の中には、節分なのに肝心の行事をしないのかとお思いの方もおいでかもしれない。そう、節分で忘れてはならぬのは、豆まきだ。

結論から先に言えば、豆で鬼を追い払うという考え方が登場するのは室町時代から。京都・相《しょう》国寺《こくじ》の住持《じゅうじ》でもあった禅僧・瑞渓周鳳《ずいけいしゅうほう》の日記『臥雲日件録《がうんにっけんろく》』の文安四年（一四四七）十二月二十二日の項には、「明日は立春である。夕刻に焼いた豆を室内にまいて、鬼は外、福は内の四字を唱える」と記されている。我々が節分に唱えている言葉は、五百五十年以上むかしから存在していたわけだ。

それにしてもなぜ、豆をまき始めたのか。その理由ははっきりとは分からない。ただ、自分がやったことがあるかどうかはさておき、たとえばテレビドラマや映画などでは今でも、嫌な客を追い払う時に清めの塩をまくシーンは一般的だ。何かをまき散らすという行為はそもそも魔除けの意味を孕んでおり、平安時代には米をまいて邪を払う「散米《さんまい》」という行為が貴族社会でしばしば行われていた。

紫式部は主である藤原彰子の出産の一部始終を記した『紫式部日記』の中で、なかなか産が終わらぬただ中、頭の上に散米がまるで雪のように降りかかっていたと述べている。食べ物を――しかも米をまき散らすとはもったいない気がするが、これは米の持つエネルギーで場を清めるという祈りに近い行為だったらしい。

豆まきはそんな散米の延長線上にあるのだろうが、食べられる炒り豆を外にまくのもまた、散米同様にもったいない。というわけで我が家では最近、豆まきには小袋入りの豆を使い、後で拾って食べている。邪を払うという目的を思えば、本末転倒かもしれないが、なに節分行事そのものも歴史の中で少しずつ変化してきたのだ。これもまた時代の推移によるものとお許しいただこう。

20　幻の能面「雪・月・花」が揃う時

二〇二四年二月上旬に関東甲信地方に出された大雪予報は、わたしの暮らす京都でも盛んに報じられた。幸い、気温が高かったこともあり、雪は夕方から夜半にかけて積もったものの、翌日には案外あっさり消えて行ったと聞く。それでも公共交通機関は長時間にわたって混乱し、都内だけで百人を超える方々が転倒などで緊急搬送されたというから大変だ。

ＳＮＳでは雪の降りしきる皇居・桜田門を撮った写真が、多くの人々の注目を集めていた。言うまでもなく、安政七年（一八六〇）旧暦三月三日、新暦ならば三月二十四日、春先には珍しい大雪の朝に起きた大老・井伊直弼《なおすけ》襲撃事件――いわゆる桜田門外の変を踏まえたものだ。

明治時代、お雇い外国人として来日したドイツ人医師・ベルツは、明治三十五年（一九〇二）四月十二日の日記にこう記している。

「またもや氷がはって、よいお天気。ちょうど四十二年前、将軍家の全権を握る大老『井伊掃部頭《かもんのかみ》』が桜田門で殺された時以来、東京でこんなにおそい寒さは世人の記憶にない。その時には雪がつもっていたのだが、この二つのめずらしい出来事が一しょに結びついて、東京の住民の忘れられない思い出になっている」（明治文學全集49『ベルツ　モース　モラエス　ケーベル　ウォシュバ

ン集』〔筑摩書房〕収録「ベルツの日記（抄）」より）

ベルツが東京大学医学部の前身・東京医学校に招かれたのは、明治九年。となると当然、彼自身が桜田門外の変に立ち会ったわけではない。にもかかわらずベルツが日記にこう記すほど、季節外れの寒さに遭った明治三十五年の東京では、幕末の大事件を思い出す人が多かったわけだ。

似たことはこの六年後、明治四十一年四月九日の大雪の際にも起きたらしい。「東亜月報」は四月十日付けの短信に、「この晩春の雪に桜田門の変を思わぬ者がいるだろうか」と記している。また同年発行の「園芸之友」という雑誌において、去来園隠士なる筆名のとある学者は、「桜田門外血に染みたる大雪も、これよりは十日も早く、且つ降りたる深さも此程にはなかった」と述べている。まだ江戸時代が間近な明治期の東京において、大雪や寒さと桜田門外の変は切っても切れない関係に置かれていた。ただ同様の話が百年後にも続くとは、当時の人々が知ればさぞ驚くだろう。

ちなみに明治から大正期の国文学者・沼波瓊音《ぬなみけいおん》は、この明治四十一年の大雪の様を「瓊堆錦堆」という小文にしたためている。桜が満開の時期にもかかわらず、一夜明けてみれば雪の深さは一尺（約三十センチ）あまり。おかげで桜の枝はすべて雪でたわみ、雪中の桜という言葉の美しさとは裏腹に、その花の色は重苦しく、奇異な光景だったという。

こんな風景は滅多に見られないと考えたのだろう。瓊音は友人の歴史家・笹川臨風《ささかわりんぷう》を誘って、上野に出かける。そこではやはり桜に厚い雪が積もり、枝が銃声と間違えるほどの音を立てながら折れていた。落ちた花の枝を人々が争って拾っていたというから、珍景目的の人々で、一帯は大層な賑わいだった様子だ。

一方で桜の枝の中には、雪をしなって跳ねのけるものもあったらしい。その時に立つ物音に、笹川は「可哀想だな」とふと漏らしたという。瓊音はそれに同意するとともに、「彼の枝の苦しみは直に我等が胸の痛みなるなり」と記しているが、わたしの目にこれは、不気味なほどの春の大雪に圧倒された人間の率直な恐れの発露とうつる。

なおこの時はちょうど上弦の月が空にかかる時期だったので、雪・月・花すべてが揃う奇観を目にした人もいたらしい。もっとも大雪のあまり、電線は切れ、電車も止まっていたらしいので、そんな風流ばかりを喜ぶわけにもいかなかったのだろうけど。

行方知れずの「月の小面」

雪月花――の語は、冬の雪、秋の月、春の花と季節折々の風雅な眺めを並べたもの。大唐の詩人・白居易《はくきょい》が、「雪月花の時に最も君を憶《おも》う」と友人をしきりに思い出す心境に歌い込んだように、本来はそれぞれ異なる季節を表現するために使うものだ。それゆえ雪月花は三つで一セットのものの比喩として用いられもするが、今日では揃うことのない雪月花に、豊臣秀吉愛蔵の三枚の能面がある。

秀吉は五十代後半、天下人となった後に能楽にハマった。親しい大名たちにも相次いで能を習わせるばかりか、自分のこれまでの人生をテーマにした新作能まで作らせた。

主君・織田信長の仇である明智光秀を滅ぼした際の戦いを描いた「明智《あけち》討《うち》」、吉野の蔵王権現が秀吉の治世を褒め称える「吉野詣」など、「豊公能《ほうこうのう》」と総称されるそれらは秀吉を絶賛する内容ばかり。しかも彼はそれを自分自身で舞ったというから、あまりにポジティブなその性格に驚かされる。見物させられる周囲は、さぞ大変だったのではなかろうか。

そんな秀吉は当然、能に用いる道具や能面も多く収集していた。ことに室町時代の名人・石川龍右衛門重政の手になる、若い女性をかたどった三面の能面を愛し、それぞれに「雪の小面《こおもて》」「月の小面」「花の小面」と名をつけた。このうち「雪の小面」は秀吉の能の師匠の手を経て、現在は能楽五流の一つである金剛家に、「花の小面」は三井家に伝来し、今は東京・三井記念美術館に納められている。一方で「月の小面」は徳川家康に与えられたのち行方が分からず、一説には相次いだ江戸城火災の中で失われたとも言われている。

もっとも古美術の世界とは不思議なもので、長年、探し求められていた作品が何かの拍子に思いがけぬところからひょいと発見されることもある。ならば「月の小面」もひょっとしたら――と考えてしまうが、明治四十一年の大雪の有様を考えると、あまりに美しいものが見事に揃うのは、何やら恐ろしくもある。月も雪も花も、順番に楽しむ程度がいいのかもしれない。

21　凡河内躬恒の当意即妙

十数年前までは、よく寄席に足を運んでいた。だからわたしが小説で描く大坂ことばや江戸ことばの大半は、上方・江戸の落語を耳で聞いて覚えたものだ。ことに東京に出かけた時は、一、二時間の空きを見つけては都内の寄席に駆け込んだが、その中で非常に印象深いのが、紙切りを得意となさり、二〇二四年一月に亡くなられた三代目・林家正楽《しょうらく》師の高座だ。正楽師はその時、二代目・正楽師がかつて客席から題として出された「紅梅・白梅」を切っていらした。

紙切りとは観客の前で、一枚の紙・一本のハサミだけで様々な形を作り出す芸。形の見えぬもの、非常に複雑な形をしたものを切れと客席から求められることもあるので、当意即妙の返しも欠かせない。「紅梅・白梅」とは早春にふさわしい題だが、なにせ使うのが紙一枚なのだから、色彩まで切り分けられるわけがない。そこで二代目は坂道を登る白バイ――つまり「勾配・白バイ」を切ったという。わたしが三代目の高座を見たのは大学生の頃だったが、言葉というものの面白さを改めて考えさせられた。

二月は、梅が芳《かぐわ》しい香りを放つ季節。わたしが好きな和歌に、九世紀から十世紀にかけて生きた凡河内躬恒《おおしこうちのみつね》が詠んだ「春の夜の　闇はあやなし　梅の花　色こそ見えね　香《か》やはかくるる」という一首がある。春の夜とは理屈にあわない、梅花の色は見えないが、その香りは隠せていないではないか――と、暗闇の中で視覚と嗅覚を対比させた、なまめかしさすら感じる歌だ。

凡河内躬恒は歌人として、紀貫之に次ぐ上手と称賛された人物。貫之と共に『古今和歌集』の編纂を命じられたり、天皇・公卿が催した様々な歌会にも呼ばれた記録が残る。

ただこの当時、歌とは各人の思いの吐露に過ぎなかったので、後世の芸術家や作家とは異なり、どんな素晴らしい歌を詠んだとて、それで生計が立つわけではなかった。歌会でいい歌を詠めば、主催者から「かづけもの」と呼ばれる褒美をもらえたし、「あれが評判の歌の作者」と誉めそやされ、出世の糸口になることもあり得はしたが、それらはあくまで副次的なもの。貫之にしても躬恒にしても、本業は宮仕えの役人だった。

そして同じ歌の名手と並び称されながらも、躬恒は貫之に比べれば、格段に地位が低かった。たとえば延喜五年（九〇五）、『古今和歌集』が完成した時点の紀貫之の地位は、宮中の書籍の管理を行う役所・御書所《ごしょどころ》の上から二番目の役職。

これに対し躬恒はと言えば、その地位は前甲斐少目《さきのかいのしょうさかん》。漢字ばかりでややこしいとお思いだろうが、「前」の「甲斐」の「少目（中央から派遣される役人の中で、一番下の役職）」の意味だ。前は、とわざわざ付け加えられているので、身もふたもないことに現在無職との事実も明示されている。

この二人はともに生年が不明なので、単純に一時期の官職だけで比べるのは残酷かもしれない。だが貫之がその生涯に土佐守《とさのかみ》――つまり現在の高知県で中央から派遣される役人の最高位や玄蕃《げんばの》頭《かみ》（外国人や僧侶の管理をする役所の長官）に任ぜられたのに比べ、躬恒はせいぜい地方の役所の下から数えた方が早いような立場でしかなかった。

しかし、それもしかたがない。なにせ貫之の一族・紀氏は、古くは天皇家を武力で守り続けた有力豪族。その家の娘が天皇家の妃になることもしばしばあり、たとえば京都に都を移したことで知られる桓武天皇の祖母は紀氏の出だ。藤原氏全盛の平安時代にあってはかつての勢いを失っていたが、それでも名族であることに変わりはない。一方で躬恒の凡河内氏はその名の通り、古くは河内（大阪府東部）を本拠地とした地方豪族に過ぎない。そもそも生まれ落ちた時から、躬恒と貫之はスタート位置が異なっていたのだ。

歌詠みの血

一方で、歌の才において、躬恒は時に自らの生まれ育ちをものともせぬ活躍を見せもしたらしい。これは歴史物語になるが、『大鏡』には、醍醐天皇が躬恒に、

「月を弓張《ゆみはり》と呼ぶが、それはなぜか。歌に詠め」

と命じたエピソードが記されている。躬恒はこれに対し、「照る月を　弓張としも　言ふことは　山辺を指して　いればなりけり（輝く月をなぜ弓張と呼ぶかといえば、山の辺りに向かって入《い》る〔射る〕からです）」と詠んだ。喜んだ醍醐帝が褒美として衣を授けると、それを肩にかけ、白い衣を我が身に近づいてくる雲にたとえた歌もすぐに作ったという。もしかしたら躬恒の歌の才は、落語家にも劣らぬ頭の回転のよさに裏付けられたものだったのかもしれない。

なお鎌倉時代に作られた『曾我物語』という作品には、躬恒が貫之の娘を妻として娶《めと》っていた

との記述がある。紀氏と凡河内氏の夫婦はつり合いが悪いが、娘の母が低い身分の生まれだったりすれば、決してあり得ぬ話ではない。

ちなみに貫之の娘といえば忘れてはならぬのが、これまた『大鏡』に記される、醍醐天皇の息子・村上天皇が都外れのとある屋敷の梅の古木を内裏に運ばせたエピソードだ。屋敷の者は天皇の命ではしかたがないと梅を内裏に送り出したが、運ばれてきたその梅には、「勅《ちょく》なれば　いともかしこし　鶯《うぐいす》の　宿はと問はば　いかが答えむ（天皇の勅命ならばお断りはできませんが、この梅に毎年やってくる鶯が自分の宿はどこかと問うたなら、わたしは何と答えればいいのでしょうか）」と書かれた短冊が提《さ》げられていた。その歌の出来に驚いた天皇が調べさせると、歌の読み手は紀貫之の娘。梅の木は父・貫之の形見と判明したという。

この鶯宿梅《おうしゅくばい》の語の聞き間違えから始まるのが、上方落語の「鶯宿梅」。近年はほぼ高座にかからぬ噺だそうで、いつかと願いながら、まだ聞いたことがない。寄席から始まり、寄席に終わった。おあとがよろしいようで。

22 ご本尊の受難、仏像からカーネルまで

先日、作家仲間の朝井まかてさんをわたしの母校たる同志社大学にご案内する機会があった。わたしにとっては、十二歳で女子部中学に入学して以来、中学・高校・大学・大学院とお世話になり、いまだアルバイト職員兼客員教授として出入りを続けている場所だ。

わたしが学生だった当時、京都御苑の北に位置する同志社大学今出川キャンパスは、そこここに自転車が放置されたり、各サークルの立て看板が好き勝手に立てられたりと雑然としていた。そんな構内が整備されたのは、二〇一一年、綾瀬はるかさん主演のNHK大河ドラマ「八重の桜」の制作が発表された直後。幕末の会津に生まれた主人公・山本八重の二度目の結婚相手が、同志社校祖・新島襄《にいじまじょう》だったことから、俄然、来校者を見込んだ整備が始まったのだ。

もっとも今でこそ京都で広く親しまれているわが母校だが、開校当初はこの街の人々から手ひどい目に遭わされたらしい。同志社を作った新島は江戸・神田の安中藩邸に生まれ、元治元年（一八六四）、二十二歳で脱国・渡米。かの地でキリスト教徒となり、帰国後、キリスト教主義の学校を建てるべく京都にやってきた人物で、正直、京都に縁があるわけではない。その上なんといっても、京都は神社仏閣のひしめく地。外国の宗教に基づく学校が置かれるとなれば、反発さ

れて当然だ。

京都の僧侶たちは新島の訪れに、当初、「耶蘇《やそ》教の学校設立など、役所から許可が下りるものか」と高をくくっていたらしい。にもかかわらず、当時の京都府知事があっさり認可を出したから大変だ。仏教教団から府に認可取り消しを求める嘆願書が送られる、新島や関係者の家に石が投げ込まれる……折しもキリスト教が日本に根付き始めていたこともあり、危機感を抱いた仏教側の反発は激しさを増した。明治二十四年（一八九一）秋には、キリスト教徒の演説会に仏教関係者が押しかけ、殴り合いの喧嘩まで起きた。

日本人はよく、宗教の違いに寛容だと言われる。だが現実の事件を知ると、それは机上の空論ではと思わずにはいられない。

そもそもこのようにキリスト教に反発を示した仏教もまた、六世紀半ばの日本においては、大陸からやってきた新しい宗教として反発を受けた。『日本書紀』によれば、この時、渡来系氏族と深く関わっていた豪族・蘇我《そが》氏は崇仏派、古来祭祀を司っていた物部《もののべ》氏や中臣《なかとみ》氏は排仏派と、仏教を巡る意見は朝廷内で正反対だった。国内に疫病が流行った際には、「日本の神々が、海外から来た仏を祀ったことにお怒りなのだ」と考えた排仏派が、寺を焼き、時の天皇が百済《くだら》（朝鮮半島にあった国）からもらった仏像を「難波の堀江」なる場所に捨ててしまった。

地図を見れば一目瞭然だが、現在の大阪市周辺は淀川が運んだ土砂の堆積でできた三角州。大和朝廷が勢力を拡大し始めた四世紀頃、この一帯は巨大な湿地帯だった。洪水や高潮の被害が多かったのだろう。『日本書紀』は四世紀から五世紀にかけて実在したと推測される天皇・仁徳が、一帯の排水のために水路を作り、これを堀江と名付けたと記す。同時に淀川の氾濫防止のための堤防も作っているので、これらは古代の公共事業というわけだ。小説家としては、今から千六百年も昔に行われていた大工事はさぞ大変だっただろう、どんなドラマがあったことかと想像をたくましくしてしまう。

大阪一帯の水を海に流す目的から推すに、堀江の幅は相当広かったらしい。『万葉集』には、堀江を行く船を詠んだ歌が複数収められている。それらから受ける堀江のイメージは、いわゆる水路というより、満々たる水を湛えた人工河川に近い。そんな川に、仏像は捨てられたわけだ。

旅する仏像

それにしても昭和六十年（一九八五）の阪神タイガース優勝の際、ファンたちの手で大阪・道頓堀川に放り込まれたカーネル・サンダース像ですら、発見まで四半世紀近くかかったのだ。大小の船が通る堀江に放り込まれた仏像なぞ、そのまま行方不明に違いないと思われるのだが、この像と伝えられる御像が今、長野県に存在する。全国に名を馳せる名刹・善光寺のご本尊がそれだ。

善光寺の由来を語る史料で最古のものは、平安時代末期に記された『扶桑略記《ふそうりゃっき》』。そこには善光寺の本尊は、欽明天皇の時代に百済から渡来した仏像で、推古天皇の御世、長野に来たと明記されている。堀江に捨てられた像がなぜ長野に移動したのかは、記述がない。そのためか室町時代になると、本田善光《よしみつ》なる男が堀江で仏像を発見し、長野まで持ち帰ったとの所伝が付け加えられた。

なお戦国時代の記録を読み解くと、善光寺のご本尊は「日本でもっとも長距離移動を強いられた御像では？」と思われるほど、全国を移動している。まず武田信玄の手で、善光寺そのものが長野から甲府に移されたのを始まりに、武田氏が織田氏によって滅ぼされた後、本尊は岐阜に運ばれる。その後、徳川家康の手で一旦、浜松に移動させられてから甲府に戻るが、豊臣秀吉はそんな御像を自らが作った京都・方広寺の本尊にしようと、京都に動座させる。結局、ご本尊が秀吉の枕許に立って帰りたいと訴えたため、御像はやっと長野に戻されるが、この上更に百済から日本への伝来の由来まで付け加えれば、波瀾万丈すぎる移動ぶりだ。

話を冒頭に戻すと、同志社大学の校祖たる新島自身、異国への憧れやみがたく、海外渡航が禁じられていた日本を捨てて脱国した経歴を持つし、脱国には坂本龍馬の親類の協力を得ている。また、その夫人たる八重は「八重の桜」でも放送された通り、戊辰戦争の折、自ら西洋銃を取って戦った人物だ。人にも仏像にも土地にも、深く調べればそれぞれのドラマがある。小説家としてはやはり、そんなドラマに惹かれずにはいられない。

23 京都看板散歩のすすめ

二〇二三年の暮れも押し迫った十二月二十六日、京都で一件の盗難事件が発生した。場所はすでに本書にも登場したホテルオークラ京都近くの筆専門店。盗まれたのは、香雪軒《こうせつけん》という老舗の看板だ。

なんだ看板か、と思ってはいけない。江戸末期創業、ご当代で五代目を数えるお店の軒先に吊られた看板は木製で、作られたのは約百年前。長さ約七十センチ、筆そのものを立体的に象《かたど》った特徴的な品で、ショーケースに飾られた様々な筆と共に、往来の人々の目を楽しませていた。

実は近隣ではこの半年前にも、お経を主に扱う老舗書店・貝葉《ばいよう》書院の店先から、明治期の看板が盗まれている。こちらは「大般若経古板再板版元（うちの店は、経典を印刷するための版木を所有しています）」という文言が書かれたもので、筆形看板と並んで町のシンボル的存在だった。どちらの事件についても警察が捜査に当たっているらしいが、一日も早い解決を望まずにはいられない。

看板と聞けば、今日の我々は店の名をメインに据え、文字で情報を伝えるものをイメージする。なにせほぼ誰でも文字を読める現代社会では、字によって店の情報を示すのが、もっとも分かりやすいアピール手段だからだ。

ただ意外なことに日本の記録上もっとも古い看板も、現代人が考えるのとほぼ同じ、文字による情報掲示の手法を取っている。その看板とはなんと、奈良時代に作られた法律「養老律令」に見られるもの。当時の公設市場に関する規定として、

——凡そ市は、肆《いちくら》ごとに標を立て行名《ぎょうみょう》を題《しる》せ。

と定められているのだ。

肆とは店舗のこと。つまり各店は標、今日でいうところの看板を立て、そこに売っている商品を記さなければならなかった。九世紀頃の註釈書には、「『絹肆（絹屋）』や『布肆（布屋）』のようなもの」と説明されているので、これはもう我々が考える看板とほぼ変わりがない。

なお平安時代中期に成立した法律書『延喜式』では、看板に書かれていない品を売ってはならないとも追記されている。「看板に偽りあり」は千年以上昔からご法度だったわけだ。

とはいえ当時の社会は、今日ほど識字率が高いわけではなかった。買い物に来た客の中には、文字で店と商品の説明をされたとて、何が何やらという者も多かったはずだ。

そんな客の要請を受けたのだろうか、承平五年（九三五）の紀貫之の土佐から都への旅を記した『土佐日記』を見ると、都の南西に位置する山崎の町に「小櫃《こびつ》の絵（小さな箱の絵を描いた看板）」があったことが確認できる。当時の山崎は、平安京を水運・陸運双方から支える交通の要衝だった。だからといって、かの地の店々は決して、役所の支配を受けていたわけではない。あれこれ役人に言われる京の公設市場とは異なり、自由な看板を掛けられたのに違いない。

もっとも、律令制に基づく公設市場は、武家の世の始まりと前後して姿を消す。一方で絵を使った看板はその後もほうぼうで使われたらしく、室町時代に描かれた絵画にも多く登場する。その中で注目すべきは、室町時代から戦国時代に活躍した画家・土佐光信が描いた《星光寺縁起絵巻》に登場する筆売りの尼の家の風景で、穂先を上にした一本の筆の絵が壁にどんと貼られている。筆の穂先がぷっくりと膨らんでいるため、今日の万年筆のイラストに似ていなくもない。人間、考えることは今も昔もさして変わらぬのだろうか。

この穂先を強調した筆の絵は、室町以降も長く、筆屋を表す共通のシンボルとなったらしい。戦国時代に複数作られた《洛中洛外図》や江戸時代の買い物案内などにも、同様の筆の絵を描いた看板がしばしば登場する。では一方、京都市内で盗まれたような筆形の立体看板はと言えば、ぷっくりとした筆の絵を描いた絵看板に比べると類例は少ない。

商工業が発達した江戸時代以降、各商家は看板の面白さを競い、商品そのものや商う品を巨大化させたものを看板代わりにし、人目を惹くようになった。筆の立体看板は絵看板が常識となった最中にあっては、よりインパクトの強い看板として喜ばれたのではなかろうか。

京を彩る鉄斎の書

なお今日、京都の町を注意深く歩くと、筆形看板同様、商品そのものを看板として飾る昔ながらの店に出会うことがある。たとえば国内トップシェアを誇る有名数珠屋・安田念珠店の店先には、長さ一メートルを超える巨大な念珠が下がっているし、二百年の歴史を持つ扇子の老舗・宮《みや》脇賣扇庵《わきばいせんあん》の入り口には、これまた大人の背丈ほどもある大扇が飾られている。京都散策の折にはぜひそんなところにもご注意いただきたい。

また京都の看板と言えばもう一つ忘れてはならないのが、有名人の筆になる看板がひそかに多い点だ。いちいち挙げるとキリがないが、たとえば生八ッ橋の「夕子」でお馴染みの井筒八ッ橋本舗本店の看板は、歴史家・評論家として知られる徳富蘇峰が、平安神宮にほど近い和菓子屋・平安殿の看板は第一回人間国宝認定を受けた陶芸家・富本憲吉がしたためている。

中でも京都で非常によく見かけるのが、明治・大正期に活躍した南画家・富岡鉄斎の手になる看板で、これはちょっと注意して歩けば、すぐに見つけることができる。京都に生まれ、京都を中心に活躍した鉄斎は、頼まれごとには相当気さくに応じる人物だったらしい。「夕子」と並んで人気の生八ッ橋、「聖」を扱う聖護院八ッ橋総本店の看板も鉄斎が書いているし、平安時代に活躍した陰陽師・安倍晴明を祀る晴明神社の一の鳥居脇に立つ「晴明神社」という社号標まで彼の筆だ。そして忘れてはならない、冒頭にご紹介した香雪軒の屋号もまた、鉄斎が名付けたもの。多様な形で京都を彩る鉄斎のためにも、早くあの看板には戻ってきてもらいたい。

24 生八ッ橋「夕子」と『金閣炎上』

前章の原稿を担当者Tさんにお送りした直後のことだ。Tさんからこんなメールが来た。

「京都の生八ッ橋の『夕子』って、水上勉の小説『五番町夕霧楼』の主人公から取られた名前なんですね。まったく知りませんでした」

えっ、そうなのか！　と驚いたのは、「夕子」の由来にではない。京都市内の各地で売られているあの菓子と『五番町夕霧楼』の関係があまり知られていないというのが、わたしには意外だった。

京都を代表する菓子の一つ、八ッ橋。京都には八ッ橋を作る業者だけで作られた組合「京都八ツ橋商工業協同組合」があるほど、八ッ橋メーカーは数多い。その中で三大巨頭とされる会社はそれぞれ餡入りの生八ッ橋を売り出しており、「夕子」は文化二年（一八〇五）創業の「井筒八ッ橋本舗」が扱う生八ッ橋だ。

「夕子」の箱の表面には日本髪を結った夕子さんが描かれ、店舗の入り口に八ッ橋の箱を持った彼女の人形が立っていることもある。では、彼女はどんな女性なのか。

『五番町夕霧楼』が発表されたのは、昭和三十七年（一九六二）。著者・水上勉はその前年に短編

「雁《がん》の寺」で直木賞を受賞しているので、まさに作家として脂が乗り切った時期の作品と言える。

物語の舞台は戦後間もない京都。タイトルにもある五番町とは、観光地で説明すれば、北野天満宮と二条城のちょうど中間あたり。現在はごく普通の住宅街になっているが、かつてここには西陣織に関わる業者や職人が多く出入りした遊郭があった。夕霧楼はまさにその一軒、京都府北部の海辺から家族の生活を支えるべく売られてきた主人公・夕子が働く店の名だ。

夕子は京都にきた時は、十九歳。「器量のいい娘に似《こ》あわず、どこかしょんぼりとした、おとなしすぎるほどの佳《よ》さ」を持つ彼女は、すぐに贔屓《ひいき》もついて売れっ妓となる。しかし夕子は一方で、同じ村から京都に出、今は京都屈指の名刹「鳳閣寺」で修行を積む幼馴染・正順と心を通わせていた。吃音《きつおん》持ちで小僧仲間ともなかなか親しめぬ正順を夕子はかばうが、そんな彼女は病に冒され、入院してしまう。寺の暮らしに幻滅した正順は、国宝である鳳閣寺に火を放って自殺し、夕子もまた病院を抜け出して、故郷の崖の上で自ら命を絶つ——とここまで書けばお分かりだろう。『五番町夕霧楼』は夕子と正順の悲恋の物語であるとともに、昭和二十五年に実際に起きた金閣寺放火事件に材を取った社会派小説でもある。

水上勉といえば、二〇二二年に映画化されたエッセイ『土を喰《くら》う日々　わが精進十二ヵ月』、篠田正浩監督・岩下志麻主演映画で人気を博した『はなれ瞽女《ごぜ》おりん』などの作品によって、今日では人間のひそやかな情や哀歓を描く作家との印象が強い。しかしそもそも水上は、雌伏《しふく》の時代に松本清張の『点と線』を読んで奮起した人物。出世作の一つ『海の牙』は水俣病をテーマとしており、本作が昭和三十六年に日本探偵作家クラブ賞を受賞した時、水上は松本清張と同じ

「社会派推理作家」に分類されていた。

水上自身は自らに貼られたこのレッテルに戸惑ったが、世間は彼に更なる推理小説を求めた。その葛藤の果てに描かれたのが、禅寺の小僧だった自らの少年時代の鬱屈を、虐げられた少年の復讐劇として織りなした「雁の寺」だった。

鳳凰だけが残った

ところで現実の金閣寺放火事件は、京都府北部・舞鶴出身の見習い僧・林承賢《しょうけん》によって引き起こされたもの。被害に遭った金閣寺舎利殿は室町三代将軍・足利義満が創建した当時の堂舎で、国宝に指定されていた。残念ながらこの火災・焼失のために、指定を解除されている。

自らも福井の寒村から京都の禅寺に入り、修行生活の厳しさや僧院の内幕に嫌気が差して逃亡を試みた水上は、似た境遇にあった林に一人の作家としての感情以上のものを抱いていたようだ。『五番町夕霧楼』の十七年後には、ルポルタージュ『金閣炎上』を発表している。金閣炎上から三十年近くが過ぎ、林はすでに病死。焼けた金閣寺が再建されて久しい中での上梓は、水上の事件への関心の深さを物語っている。なお『金閣炎上』によれば、林は事件の少し前から五番町に出入りし、ある遊妓と馴染みになっていたという。優しくも芯のある女性・夕子をヒロインとして生み出し、放火犯と生死を共にさせたのは、水上なりの弔いだったのかもしれない。

八ッ橋が京都の代表銘菓の筆頭とすれば、金閣寺は京都の代表寺院の筆頭。現在の舎利殿は放火事件からわずか五年後に再建されたもので国宝・重要文化財といった指定は受けていないが、定期的な補修工事が施されていることもあり、ほぼいつでもその名に恥じぬきらびやかな姿を見せてくれる。

ただ、林による金閣寺放火事件の知名度と、金箔で飾られた三重の殿閣のイメージのためにだまされがちだが、実は昭和の放火は舎利殿のすべてを焼き尽したわけではない。舎利殿の屋根には現在、大きく翼を広げた鳳凰が飾られている。これと同様のものが、室町期の創建の際にも作られ、屋根に上げられていた。本来ならばそれは放火事件の際、建物もろとも失われたのだろう。しかし明治時代に行われた改修の際、この鳳凰はあまりに損傷がひどいとして取り外され、別の場所での保管が決まった。そのため、舎利殿が焼けた後も鳳凰だけは無事で、今でも特別展などの折に観覧することができるのだから、何とも皮肉な話だ。

こうして眺めれば、『五番町夕霧楼』とは今日の観光都市・京都を様々な角度から支える珍しい長編小説なのだが、それを知る旅行者は決して多くはない。それもまた「強いていえば影のうすいようなところがほのみえる」と水上勉が書いた夕子らしいのかもしれない。

春

象の鼻のような雌しべを持つ普賢象桜

25 平野神社の普賢象桜を見て

各地で桜が咲き始めると京都には俄然、春の観光シーズンがやってくる。賑わいの季節の訪れだ。

賑わいと言えば、新型コロナ感染症流行で棚上げされていたオーバーツーリズム問題が、近年、大きく再燃しつつある。テレビやネット報道でも京都の混雑ぶりがよく取り上げられるためだろう。わたしも最近はあちこちで、「京都では観光シーズンはバスに乗れないことがあるんでしょう。大変ですね」と言われる。しかし、わたしはここで声を大にして言いたい。

京都市民がバスに乗れないのは、決して今に始まった話ではない。ただかつてはSNSもなく、そういった混雑が一般に知られることも稀だった。最近やっと問題が顕在化しただけで、わたしに言わせれば観光ハイシーズンの混雑を告げる報道は、「なにを今さら」という気分だ。観光活性化に伴う生活の不便なぞ、市民はとうに慣れっこと言ってもいい。

一方で最近、変わったこともある。たとえばかつて観光客は、主に有名社寺・観光スポットに出かけるものだった。それが近年はSNS情報を頼りに、市民しか知らなかった小さな神社や公園などに足を運ぶ人が増えている。実はわたしの仕事場の近くには、参道に鳥居と桜が並ぶ稲荷社がある。近所の小学生の通学路や犬を飼っている方々の散歩道として親しまれていたこの小道は近年、インスタグラムやYouTubeで大人気の桜スポットに大化けしてしまっている。桜と赤い鳥居という組み合わせが、喜ばれているらしい。有名観光地からは少々遠く、わたしが小学生時代には変質者が出没することで有名だった場所なのだけど。いやはや、変われば変わるものだ。

それにしても桜といえば、我々はすぐにソメイヨシノを思い浮かべる。だが桜は古くから様々な園芸種が開発され、現在は六百種類以上の品種がある。金閣寺にほど近い平野神社は、平安時代中期の帝・花山《かざん》天皇が桜を手植えしたと言われる桜の名所。この境内では現在、約六十種類の桜を見比べることができる。

白妙、衣笠、平野夕日……名だけでも美しい桜に混じって、「普賢象《ふげんぞう》」という品種がある。二本の雌《め》しべがひょろりと長く伸びた様が、慈悲と理知の仏・普賢菩薩が乗る白象の鼻に似ていることからそう名付けられたとの説がある桜だ。

普賢象桜は今でこそ京都の各地で見られるが、室町時代には平野神社から東に十五分ほど歩いたところにある引接寺《いんじょうじ》（千本閻魔《せんぼんえんま》堂《どう》）の名物とされていた。相国寺の禅僧・横川景三《おうせんけいさん》は、応仁文明の乱の間、見物ができなかった引接寺の普賢象桜に会えた喜びを、わざわざ漢詩に詠んでいるほどだ。

使いまわされた象

普賢菩薩が象に乗っていることは、仏教が広く信じられていた当時はよく知られていた。ゆえに仏像・仏画に、象が描かれることも多かった。ならば室町時代の人々は、花が象の鼻に似ていると言われて、寺院で得た知見をもとに納得したのだろうか。史料を見ると、そうばかりとも言い切れない。

横川景三が生まれる二十一年前の夏、象や孔雀、鸚鵡《おうむ》といった珍獣を積んだ南蛮船が、現在の福井県小浜市の海岸に漂着した。スマトラ島付近からきたとの説もあるこの船の頭目は、船内の珍獣を日本国王――つまり四代室町将軍・足利義持《よしもち》に献上して帰国した。その一頭、白象ならぬ黒象だったと思しき象は、日本に初めてもたらされた生きた象。翌月には早くも都に送られた模様だが、京都でどんな暮らしをしていたのかは記録がない。ただ、李氏朝鮮王朝の正史『朝鮮王朝実録』には、その三年後、足利義持が朝鮮の皇帝・太宗に象を贈ったと記されている。当時の日本に複数の象がいたわけがなく、南蛮船が運んできた象が贈答品として使いまわされたらしい。

なにせ経典にもしばしば登場する象の初来日だ。記録には残っていないが、日本にいた三年間には身分の高い人々や僧侶の観覧に供されたと推測するのが自然だろう。普賢象桜の名前は黒象来日以前から使われていたが、この象の訪れ以降は「象の鼻のような」という表現は京都の人々に実感を伴って受け止められたに違いない。その後も長く口伝えに、象の鼻の形が語り継がれていたのかも……と想像してしまう。

ところで象を献上され、また贈答品に用いた足利義持の父・義満は、能楽の大成者・世阿弥を支援したことで知られている。世阿弥は父・観阿弥が作った能に手を入れ、より完成度を高めているが、その中に「江口《えぐち》」という曲がある。現在の大阪市東淀川区近辺に暮らしていた遊女の霊が、旅の僧に世の無常を語り、遊女とは歌舞の仏にして普賢菩薩の化身だと告げて消えるというストーリーだ。この遊女は存命中、西行法師と歌をやりとりした奥ゆかしい女と設定されており、江戸中期の狂歌師・浜辺黒人《はまべのくろひと》は「江口」を下敷きに、「西行の　おめにかけたき　普賢象　はなの中より　はでな道中」という一首を詠んでいる。

西行法師といえば桜を愛し、「願わくば　花の下にて　春死なむ……」と詠んだほどの人物。そんな西行に、ぜひ江口の遊女にちなむ普賢象桜を見せたい――という意味の狂歌だが、確かに花弁が多くぽってりした美しいあの花を見たなら、西行はどんな歌を詠んだことか。わたしもまた、知りたいと思う。

26　かつてタケノコは果物だった

先日、あるお宅で催される食事会にお誘いいただいた。参加者の一人が特製の鍋を振る舞って下さるというが、その後、思いがけずお越しになる方が多く、下ごしらえ用の鍋が足りないとの連絡が来た。

「ねえねえ、澤田さん。業務用みたいな大鍋持っていなかった？」

「ありますよ。お持ちしますね」

業務用みたいな、どころではない。我が家にあるのは完全な業務用の寸胴鍋《ずんどう》だ。なぜそんな大鍋が必要かといえば、年に一度、大量に届くタケノコを湯がくためだ。

京都はタケノコの産地として名高く、「京たけのこ」は賀茂なすや九条ねぎなどとともに「京のブランド産品」に登録されている。このため京都府西南部、乙訓《おとくに》や西山《にしやま》といったエリアには入念な手入れを施された孟宗竹《もうそうちく》の林がいたるところに広がり、この季節はむっくりと太いタケノコが八百屋の店先に並ぶ。

贈答品としてタケノコがやりとりされる一方、「たくさん届いて、食べきれなくて」とおすそ分けに与る《あずか》ことも頻繁だ。掘りたて、ゆでたてのタケノコは醬油で刺身のように食べることができ、ついつい食べ過ぎてしまう。

それにしても我々は現在、春の味覚の代表たるタケノコを、それ以外の名で呼ぼうと思わない。しかし古しえの書物を繙くと、タケノコは古くは「タカンナ」「タカミナ」などと呼ばれており、室町時代ごろまではこれらの名称が併用されていたらしい。

和銅五年（七一二）編纂の『古事記』に、伊邪那岐命《いざなぎのみこと》という神さまが、死んだ妻・伊邪那美命《いざなみのみこと》を黄泉《よみ》の国に迎えに行く話がある。伊邪那岐は禁じられていたにもかかわらず、腐り果てた伊邪那美の身体を見てしまい、怒った彼女は黄泉醜女《よもつしこめ》という女に夫を捕らえさせようとする。伊邪那岐が身につけていた山ぶどうの蔓《つる》を逃げながら投げ捨てると、蔓はぶどうに変わり、竹櫛を投げ捨てると櫛は「筍《たかみな》」に変身した。醜女がそれらを食べている間に、伊邪那岐は遠くまで逃げ遂《おお》せることができた――というのが、記録に残る最古のタケノコだが、黄泉醜女はぶどうはともかく、タケノコまで生で食べたのだろうか。黄泉国の住人とはいえ、おなかを壊さなかったかと心配になる。

ただ我々が想起する食用タケノコは、中国原産の孟宗竹の新芽。これが日本に定着したのは江戸時代で、それ以前は淡竹《はちく》や根曲がり竹など細竹のタケノコが食べられていた。ゆえにここでは決して、店頭に並ぶ太いタケノコを想像してはならない。

今日の我々はタケノコをおかずとして食べ、野菜の一種のように捉えている。だが少なくとも奈良時代には、タケノコはどうやら果物の一種とされていたらしい。それを教えてくれるのが、現在、奈良・正倉院に残る八世紀の膨大な書類群、いわゆる「正倉院文書《もんじょ》」だ。そのうちの一つ、天平宝字四年（七六〇）の年末に、ある役所が自分の組織で必要な品々をリストアップした書類では、「笋」が枇杷・李《すもも》・山桃子・薦子《こものこ》などと一緒に挙げられている。山桃子はヤマモモ、薦子はイネ科の多年草・マコモダケの新芽のことだ。

薦子は生食すると少し甘味があり、エリンギとタケノコの中間のような食感がある。別の正倉院文書でも他の果物と一緒に管理された例があるため、これもタケノコ同様、野菜と見なされていなかったらしい。

そう考えると伊邪那岐を追った黄泉醜女がまずぶどうを、次にタケノコを食べたという描写は、当時の人にはどちらも果物に気を取られたシーンと受け止められたのかもしれない。恐ろしいはずの追手が、なにやら愛らしく見えて来る。

『源氏物語』では歯固めにも

紫式部が著した『源氏物語』横笛巻には、源氏の正妻・女三宮と柏木との間に生まれた不義の子・薫が、折しも生え始めた歯がかゆいらしく、タケノコをかじるシーンが描かれている。このタケノコは女三宮の父・朱雀院が源氏のもとに贈って寄越した品。よちよち歩きの薫が「筍をつと握り持ちて、雫《しずく》もよよと食ひ濡らし給（タケノコをしっかりお握りになって、よだれをたらたらと流しながらかじっていらっしゃる）」という描写に、なるほどとうなずいてしまう。

現在では歯が生え始めた子どものために、シリコンや天然ゴム製の歯固めが市販されているが、平安時代には当然、そんなものはない。そう考えると、細いタケノコはなかなか安全な歯固めと言えるだろう。紫式部には娘がいたので、自らの育児の経験が反映された描写なのかもしれない。

ちなみに言葉が同じなので大変ややこしいが、紫式部が生きた時代には正月に硬いものをかじって長寿を祝う「歯固め」の儀式が行われた。この「歯」は口の中の歯ではなく、よわい＝年齢の意味で、大根や瓜、押鮎などをかじった。

清少納言は『枕草子』の中で「えせものの所得る折（くだらないものが幅を利かせる時）」として、「正月の大根」を筆頭に挙げている。わたしなぞは、いや、大根、大変便利じゃないか……と思ってしまうのだが、清少納言はどうも大根に手厳しい。この頃には大根はすでにごく一般的な野菜となっていたらしく、清少納言とほぼ同時期を生きた『蜻蛉《かげろう》日記』の筆者・藤原道《みち》綱母《つなのはは》は、現在の奈良県にある長谷寺への参詣の途中、刻んだ大根を柚子の汁で和えたものが宿で供されたことに旅の風情を覚えている。清少納言からすれば、そんな庶民的な野菜が宮中儀式でもてはやされることが、いらだたしかったのかもしれない。

ならばいっそタケノコを歯固めに使ってみれば——と言いたいところだが、歯固めはなにせ正月の初めの行事。残念ながら季節が合わない。そう考えると紫式部が描いた幼子がタケノコをかじる様子は、春の爛漫を間接的に語る光景とも言える。

27　なぜ大江山は丹後に設定されたか

先日、京都市内の西、桂と呼ばれる地域に出かけた。かの地にある大学共同利用機関・国際日本文化研究センター――通称・日文研で開催される講演を聴講するためだ。

阪急電鉄桂駅で電車を降り、住宅地が続く坂をバスで登る。桂川と西山にはさまれたこの地は、近代以前は都会たる京都を支える周縁の農村だった。一方で京都市と亀岡市――旧国名なら山城と丹波の境たる老ノ坂《おいのさか》を擁することから、京都と山陰を結ぶ交通の要所でもある。高度経済成長期以降は新興住宅地として開発され、現在は日文研の他、京都大学桂キャンパスや京都府立大学の演習林などが置かれる、多様な顔をもつ地だ。

桂川の橋のたもとには、わたしのお気に入りの和菓子屋・中村軒がある。京都の和菓子屋は、江戸初期の箏《そう》の名手・八橋検校《やつはしけんぎょう》の遺徳をしのぶ人々にニッキ風味の八ッ橋を売った店や、上賀茂神社の参詣者に門前菓子の焼き餅を売った店など、その地独自の由来を持つ例が多い。中村軒も同様で、元は明治時代、京都と山陰を行き来する人々に菓子を商った店。また当時、店の一帯は桂村と呼ばれるのどかな農村だった。このため中村軒では農繁期、各家の田畑に間食用の餡入り餅を配達し、農作業が落ち着いた頃、各家を回って餅代替わりの麦を集めた。この餅は「麦代《むぎて》餅《もち》」と呼ばれ、現在、店舗や京都市内のデパ地下で買うことができる。

麦代餅は麦手餅とも表記されていたらしく、京都を拠点とした民俗学者・井上頼寿《よりとし》は、昭和二十五年（一九五〇）刊行の『京菓子』の中で、「て」に注目している。我々は今でも「もとで」「酒手」といった言葉を使うが、麦手餅の「て」はそれと同様に貨幣の意味だろう、というのが彼の説だ。

また井上によれば、農繁期の間食用餅を麦手餅と呼ぶ例は、古くは桂に限らなかったという。彼は「麦手餅というのは一般に下鴨の名物」と述べ、その他、岩倉や大原でも同様の餅が作られたと追記する。

下鴨も岩倉も現在は住宅地だが、かつては桂同様、洛中近郊の農村だった。つい数十年前まで営農とともに各地に根付いていた慣習が、今日はたった一か所、桂にだけ残っていると考えると、もともと大ぶりな麦代餅が更に重みを増す気がする。

ところで室町時代成立の「御伽草子《おとぎぞうし》」を始め、能や歌舞伎、最近ではゲームにも登場する化物に、酒呑童子《しゅてんどうじ》という鬼神がいる。もっとも有名な逸話では、彼は丹後国（現在の京都府北部）大江山に住み、都に降りては人々をさらい、その血肉を喰らっていたが、朝廷から遣わされた源頼光たちに討ち取られる。大江山がある京都府福知山市はこの伝承に基づき、「鬼のまち」をキャッチフレーズに多くの企画を行っている。市内にある「日本の鬼の交流博物館」は、日本ばかりか世界の鬼の情報まで発信するユニークな館だ。

ただ、少し待ってほしい。福知山市から京都までは、直線距離で約七十キロ。いくら酒呑童子が恐ろしい鬼でも、こんなに遠い地まで事ごとに出かけるのは大変だったのではあるまいか。

実は酒呑童子の住処《すみか》が福知山近辺と設定されるのは室町後期以降で、現存する最古の酒呑童子の逸話「大江山絵詞《えことば》」（逸翁《いつおう》美術館蔵）とも深い関係にある「酒天童子物語絵詞」（陽明文庫蔵）では、彼の住まいは「帝都より西北にあたりて大江山といふ山（都の西北にある大江山という山）」と記されている。それを踏まえて顧みれば、前述の日文研がある一帯は、地名を「大枝《おおえ》」という。また老ノ坂の名は、「大江坂」がなまったものとされている。――と書けばもうお分かりだろう。酒呑童子は彼の物語が誕生した当初は、京都市内からわずか十数キロの国境に暮らしていたと考えられていたのだ。

芥川の思惑は藪の中

「御伽草子」より古い時代に作られたと推測される謡曲「大江山」では、酒呑童子は当初、都の東北・比叡山に暮らしていたが、伝教大師最澄に住処を追われて諸国を放浪した末、「都のあたりほど近きこの大江山」に住み着いたとある。確かにここなら、都に出かけるのも簡単だ。桂地域が今日、大阪・京都どちらにもアクセスのよい新興住宅地として人気なのと同様、鬼神といえどもやはり暮らす場所は便利な方がよかったと見える。

老ノ坂の近くには、現在、酒呑童子の首を埋めたとされる首塚がある。伝承によれば、福知山の大江山で討たれた童子の首は、ここまで運ばれてきた途端、急に重さを増して動かなくなり、しかたなく国境に塚を作ったという。しかし童子がもともと老ノ坂の近辺に住んでいたとすれば、そもそも首塚のあるこの地こそが彼が討伐された場所なのかもしれない。

なお近代の文豪の一人、芥川龍之介の短編「藪の中」は、平安時代の京都が舞台。ある殺人事件を巡って、証言者たちの話が少しずつ食い違う曖昧模糊とした物語だ。芥川は本作のモチーフを平安時代末期の説話集『今昔物語』の一話、「妻を具して丹波国に行く男、大江山において縛らるること」から取っているが、原作では現在の桂・大枝だった舞台が、「藪の中」では京都盆地のちょうど反対側、京都市と大津市の市境近くに変更されている。

しかし、それはなぜだろう。芥川は酒呑童子を討った源頼光の配下が遭遇した別の鬼の物語を下敷きに、短編「羅生門」を書いている。だとすれば当然、彼は酒呑童子の物語もよく知っていたはず。もしかしたら彼は、「藪の中」で殺人が起きる舞台を大江山と設定することで、読者が知らず知らずのうちに酒呑童子の物語を想起してしまうことを避けたかったのかもしれない。

——とはいえ、それはあくまでわたしの想像にすぎない。真実はまさに、藪の中だ。

28 『甲子夜話』に残る京都大地震

以前から考えているのだが、人は――あえてわたしの観察範囲に限定すれば日本人は、歴史事象に分かりやすい驚きや感動を求める傾向がないだろうか。たとえば、「江戸時代の食事は健康的だった」「伊藤若冲《じゃくちゅう》はすべての生命を愛する心優しき人物だった」「聖徳太子は平和を守ろうとした」など、数え上げればきりがない。

米を主食に味噌や豆腐を多く摂る江戸時代の食事は、一面では健康的だ。だが大量の米を塩辛いおかずで食べる献立において、摂取塩分量は現代の日本人の数倍に及んでいたと言われている。過去のデメリットには知らぬ顔のまま、メリットだけを大きく取り上げ、「健康的」とレッテルを貼る乱暴さは、歴史を正しく知ることより、過去を礼讃することを目的としているかにわたしには映る。

また江戸時代の画家・伊藤若冲は、確かに虫や鳥といった小さな動物たちを好んで描いた。とはいえ、それだけで彼の内面まで分かるわけがない。それは聖徳太子についても同様で、「和を以て貴しと為す」という第一条の語句で有名な「十七条憲法」は、そもそも支配者階級に対する訓示であって、社会全体の融和を説いたわけではない。聖徳太子は仏教の教えによって国を導くことを目指したが、一方で物部氏・蘇我氏の対立に関わりもしたし、彼が摂政として政治に携わっていた当時の日本では、朝鮮半島の国・新羅《しらぎ》との戦も続いていた。そういった様々は無視して、心の優しさや平和的精神といった現代的美徳で過去の人物を評価しようとする姿勢には、危惧を覚える。なぜならそれは歴史を歪めることにつながるからだ。

わたしの暮らす京都に関しても、似た例は多い。たとえば昭和後半および平成の日本では、「太平洋戦争の際、アメリカは文化財を傷つけてはならないと考え、京都には空襲を行わなかった」という話が盛んに語られた。これは終戦直後、美術史家・矢代幸雄が新聞に語った談話がきっかけで広まったもの。ただ他の都市に比べて被害は少なかったものの、京都市内にも確かに空襲はあり、ことに昭和二十年（一九四五）六月の西陣空襲では四十名超の死者が出た。西陣空襲の後、京都に対する攻撃はぱたりと止むが、実はこれは京都が広島・小倉などとともに原爆投下目標都市に選ばれたため。だが「戦争中でも京都の文化財は尊ばれた」という言説は、京都礼讃の一つの手段として、今なお一人歩きを続けている。

わたしがまだ大学生の頃、とある交差点近くに一軒の古本屋があった。あまり客が入っているとは見えないものの、不思議に細々と営業を続けており、「あそこは旧平安京の中心地、つまりパワースポットにあるから経営の心配がない」との噂があった。しかし、なんてことはない。数年後、その店はあっさり潰れ、コンビニに変わった。店の上はマンションだったが、やがて京都に観光客が増え始めると、丸ごとゲストハウスに早変わりした。ただその後、新型コロナ感染症の流行によって客足が激減したらしく、ビルごと他のオーナーに売り渡され、今は再びマンションに戻っている。およそパワースポットとは思えぬ有為転変だ。

どうやら京都という街は、なまじ歴史の衣を厚くまとっている分、分かりやすい感動や物語を求められる傾向があるらしい。それをつくづく感じるのが、「京都は災害が少ない」という都市伝説だ。「平安京が都に選ばれたのは、この地の災害の少なさが古くから理解されていたから」などといったまことしやかな説明まで追加されることもある。

だが地震に限定しても、残念ながら京都府南部近辺は活断層が日本の中でも（ということは世界的にも）集中している地域。近年が珍しく平穏なだけで、京都市内は有史以来幾度も大きな揺れに見舞われている。

宇治橋崩落

たとえば京都を流れる鴨川の東側には、平安中期以降、天皇の発願による寺や離宮があいついで建てられ、白河天皇御願の法勝寺《ほっしょうじ》には高さ約八十二メートルに及ぶ九重塔までそびえていた。しかし平家が壇ノ浦に滅亡した数か月後の元暦《げんりゃく》二年（一一八五）七月、京都を襲った推定マグニチュード七・四の地震は一帯の寺の堂宇を多数倒壊させ、法勝寺九重塔も倒壊こそ免れたものの、瓦や屋根板がことごとく落ちる被害に遭った。洛中各地でも地割れが起き、いわゆる液状化現象も発生。公家・中山忠親《ただちか》は日記『山槐記《さんかいき》』の中で、「宇治橋皆以顚倒、于時渡之人十餘人乗橋入水、其中一人溺死」と、平等院近くにかかる宇治橋が崩落し、橋から落ちた十数人の中に死者が出たと書き記している。

この地震は京都府・滋賀県の県境付近が震源と推測されているが、それから約五百年後の寛文二年（一六六二）にもやはりこの近辺が震源地らしき地震が発生した。この時は天皇・上皇が住まう禁裏《きんり》・仙洞《せんとう》御所の築地塀《ついじべい》や二条城の石垣が崩落。史料によってバラつきがあるが、洛中だけでも死者数は百名を超えたという。僧侶にして仮名草子作家・浅井了意《りょうい》は『かなめいし』という随想の中で、神社の石灯籠が倒壊して子どもが下敷きになった話や、豊国神社一帯は揺れなかったとの噂が広まったことから、それにあやかろうとした人々が押し寄せ、境内の草木を折り取ってお守り代わりに持ち帰ったとの逸話を記している。

なお歴史上、最後の京都大地震は江戸後期の文政十三年（一八三〇）七月。京都府西部、前章に書いた老ノ坂西の亀岡市が震源と考えられる推定マグニチュード六・五の地震で、一説に死者は約千人。平戸藩主松浦《まつら》静山《せいざん》の随想『甲子夜話《かっしやわ》』によれば、この時、北野天満宮の石灯籠がすべて南東に向かって倒れたという。それから二百年が経とうとしている今、京都をいつ地震が襲っても不思議ではない。多くの観光客が訪れる地であればこそ、分かりやすさや感動の色眼鏡を用いずにこの街を見ていただくべきではなかろうか。

29 煩悩に迷った僧侶たち

三方を山に囲まれた京都では、様々な野鳥を見る機会が多い。ことに二十年ほど前までは、渡り鳥のユリカモメが市民に広く愛されていた。ユーラシア大陸から来て日本で越冬し、春先にまた北へと帰る鳥で、体長四十センチ程度。赤い足とくちばしが愛らしい。

わたしの記憶するユリカモメは隣県の琵琶湖をねぐらとし、早朝、鴨川に群れで飛んできて、夕方に帰路に就く鳥だった。日が傾き始めた頃、渦を描くように群れながら東山を越えていく光景には、いつもにぎやかさと寂しさを同時に覚えた。

もっとも、この鳥が京都に来るようになったのは一九七〇年代から。しかも二〇〇〇年前後からは京都への飛来個体数がどんどん減っており、この数年は、数羽にお目にかかるかどうかといった有様だ。代わりに近年、鴨川に増えているのはなんといってもカワウだ。この鳥はなにせ鵜飼いに使われるほど、魚を捕える能力に長けている。おかげで放流したばかりの鮎の稚魚が食べられてしまうことが増えており、水面にロープを張って鳥害を防いでいる箇所もある。我々は時に、自然とは変わらぬものだと思いがちだ。しかし鴨川に来る鳥だけを見ても、その入れ替わりは思いのほかあわただしい。

四月から五月になると、あちらこちらで見かけるのはツバメで、家の軒下で大きな口を開けて啼《な》く雛たちの声もにぎやかだ。この鳥もまた渡り鳥の一種だが、歴史的に見るとこちらはユリカモメと違い、京都を短期間で見限るような真似はしなかったらしい。京都が主たる舞台とされ、九世紀に書かれた『竹取物語』では、かぐや姫が五人の求婚者の一人に「燕《つばくらめ》の子安貝」を持ってくるようにと告げる。これはツバメが産むと考えられた伝説の貝で、求婚者はどれだけ探しても見つからぬこの貝に焦《じ》れ、自分でツバメの巣の中を探そうとする。ユリカモメの心変わりの早さを考えると、今も昔も変わらぬ渡りをしてくれるツバメが、これまでになく親しく感じられてくる。

ところで我々は今日、宮中晩餐会などの参加者が着用する男性の正礼装を燕尾服と呼ぶ。これはswallow tailed coat の直訳で、言うまでもなく上着の裾が燕の尾に似ていることから来ているが、実はかつての日本では「燕尾」の言葉をまったく別の意味に使っていた。

平安時代の貴族の男性たち、はたまた現在の神社の神職などが、正式な場面で黒い冠をかぶっていることは皆さまご存じだろう。その後部には、黒く細長い布がついている。これはもとは冠の中心部分をきゅっとしばり、余った布を背後に垂らしたもので、正式名称を纓《えい》という。身分や儀式の内容、または時代によって、長く垂らしたり、冠に巻き込んだりとバリエーションが様々あるこの纓は、別の名を燕尾とも言った。江戸時代中期の国語辞典『書言字考節用集《しょげんじこうせつようしゅう》』は、「燕尾という語は纓の音の転用ではないか」と述べている。形も音もぴったりなこの言葉を選んだ古しえ人のセンスには、ついつい膝を打ちたくなる。

老上人の恋

同じく「燕」の字を含みながら不名誉な形で今日に名を残すのが、平安時代に清水寺にほど近い清閑寺《せいかんじ》に生きたと推測される、真燕《しんえん》僧都なる僧侶だ。江戸中期の『都名所図会』には、ある夕暮れ、寺の前で一人の女に出会った真燕が、相手のあまりの美しさに心惑わされ、つい清水寺への行き方を尋ねたという寺伝が記されている。

行き方もなにも、両寺はほぼ隣り合わせの立地だ。「何しょうもないこと聞いてんねん」とつっこミたくなるが、要は美女を前にそれほど動揺していたのだろう。そんな真燕に女は、「見るにだに　迷う心の　はかなくて　誠の道を　いかで知るべき（お見かけしたところ、僧侶でありながら煩悩に心を惑わされたご様子。それでは悟りの道をどうやってお知りになるのですか）」と歌を詠みかけ、いきなり姿を消してしまう。そう、彼女は真燕に心の迷いを気づかせるべく現れた、仏の化身だったのだ。

この逸話にちなみ、現在、清閑寺一帯は「歌ノ中山」と呼ばれるが、煩悩色欲から身を避けるべき上人が女の色香に迷う話は、古来数多かったらしい。平安時代末期の仏教説話『今昔物語集』には、天竺《てんじく》――つまり今のインドの一角《いっかく》仙人なる行者が誦法《じゅほう》を用いて天下に旱《ひでり》をもたらしたため、国王が美女五百人を送り込んで彼をたらしこんだとの話が載っている。今日でもしばしば上演される歌舞伎「鳴神《なるかみ》」は、これを下敷きにしたもの。ただこの種のエピソードは、籠絡《ろうらく》される側が生真面目であればあるほど興味深くなるものだ。

室町時代に書かれた軍記物語『太平記』には、清閑寺から東山を一つはさんだ北東、近江国（現在の滋賀県）崇福寺《すうふくじ》こと志賀寺《しがでら》に暮らす老上人が、京極御息所《きょうごくのみやすどころ》という女性の色香に迷った話が見られる。京極御息所とは平安中期の天皇・宇多帝の妃で、本当は宇多の息子・醍醐のもとに入内するはずだったのに、父親に見初められてその妃になってしまったとか、ある公卿の幽霊に恋着されて苦しんだとか、何かと話題の多い女性だ。

すでに年老い、後は心静かな極楽往生を待つのみの境地に至っていた上人は、御息所を一目見るなり己の内に沸き起こった衝動に動揺する。そして抑えきれぬ恋心を一言彼女に伝えようと、京都に向かう。

三島由紀夫はこの逸話を元にした短編「志賀寺上人の恋」で、上人と御息所の心情を一種の心理劇の如く精緻に描写した。緊迫感に満ちた対峙の末、寺に戻る上人の姿には、去り行くものの特有の寂し気な美しさすら漂っている。

思えばそれはかつて、琵琶湖へ帰るユリカモメの群れが放っていた気配とどこか似通っている。遠ざかるものの背中とは、古今東西はおろか、種族を超えて同じ哀愁を帯びるのかもしれない。

30　鵺の史跡を訪ねて

対になるものの区別が苦手だ。セ・リーグとパ・リーグ、与党と野党……どっちがどっち？と、少しだけ理解に手間取る。

たとえばデパートで同行者に、「エスカレーターに乗りましょう」と言われても、エレベーターとの区別がすぐにはつかない。

〈エスカレーターは escalate する機械だから、徐々に上がる方。つまり階段式の乗物の方〉と順を追って考えてから、やっと「そうですね」とうなずく。

言葉を扱う仕事柄、語彙は豊かな方との自負がある。にもかかわらずなぜと考えると、同様に苦手なものがある。それは左右の識別だ。

「右に曲がって」「左手を上げて」などと言われると、これまた一瞬、考え込まずにはいられない。この現象は左右識別困難とも呼ばれ、いまだ確固たる原因は不明らしいが、自分自身については左利きであることが遠因ではと考えている。

なにせ小さい頃から教育施設では、「箸を持つ方が右」「椀は左」と教わった。だが左利きの身には、それは自分の認識とは正反対。「右に出る者はいない」「右腕」など、右という語は現在、左より優位な事柄に用いられるが、わたしにとっては左の方が右より優位だ。そんな周囲とのズレが左右の認識をあやふやにさせ、ひいては他の対になった言葉をもうまく区別できなくさせているのではと想像するが、真実は不明だ。

それにしても世の中にはわたしでなくとも、「どっちがどっち?」と迷うものがたくさんある。「いずれ菖蒲《あやめ》か杜若《かきつばた》」とは、似た植物である二つを例に挙げ、優劣をつけがたいことを述べる慣用句。この言葉はもともとは軍記物語『太平記』に登場する和歌、「五月雨に　沢辺の真薦《まこも》　水越えて　何れ菖蒲と　引《ひき》ぞ煩ふ（五月雨が降り続いたために水嵩が増し、沢辺に生える植物もすっかり隠れてしまった。いったいどれが菖蒲なのだろう）」から来ているという。

歌の読み手とされているのは、平清盛や源義朝などと同時期を生きた武士・源頼政《よりまさ》。彼はある時、夜な夜な内裏に現れる妖怪・鵺《ぬえ》を射止める。頭はサル、身体はタヌキ、尾はヘビ、四肢は虎というこの鵺が、トラツグミという鳥に似た不気味な声で啼き、時の天皇・近衛帝を苦しめていたためだ。見事勅命を果した頼政に、天皇は褒美として、かねて彼が思いを寄せる女房・菖蒲《あやめ》の前《まえ》を与えようと言う。もっとも、同じ年頃の美女を十二人、似た恰好をさせて並べ、目当ての彼女を見分けられたらとの条件付きだ。

ただ頼政は菖蒲の前の噂を聞いて恋心を抱いているだけで、実際に当人に会ったことがない。困った頼政が、女たちを前に詠んだのが先ほどの歌。この謎かけは結局、歌に感じ入った太政大臣が菖蒲の前を頼政のもとに連れて行ってやり、万事丸く収まる。もっとも菖蒲の前からすれば、「わたしのことを好きと言いながら、誰が菖蒲か分からないなんて」と内心、怒っていたかもしれないけれど。

京都監獄にひっそりあった鵺池

ところで頼政の幸運に先立って殺された鵺だが、現在も京都市内にはこの可哀相な妖怪に関する史跡が複数残っている。たとえば京都の中心地・四条烏丸《からすま》の近く、近年、ゲストハウスや飲食店が急増している細い通り沿いに立つ神明《しんめい》神社は、社伝によれば近衛帝の摂政・藤原忠通の屋敷の鎮守社。ここには鵺討伐の際に用いたとされる矢の鏃《やじり》が二つ、宝物として伝わっている。

また観光地としても名高い二条城の北西、二条公園なる市民公園の一角には、鵺池と呼ばれる小池がある。頼政は鵺を射落とした後、ここで鏃――つまりは先述の神明神社の神宝を洗ったそうで、池の傍には鵺大明神を祀る社もある。

二条公園一帯は江戸時代には京都所司代、今日風に言えば徳川将軍が任じた京都知事の屋敷があった。明治維新後、所司代邸が取り壊された跡地には、のちに京都監獄、京都刑務所とも改称される囚人収容施設が建造された。このため鵺池の存在が一般に広く知られ始めたのは、昭和二年（一九二七）に京都刑務所が市外に移転し、ここが公園となってからという。

平安期の町並みで言えば、鵺池の場所は内裏の東端に当たる。鵺は毎夜、内裏中央の紫宸殿《ししんでん》の屋根に現れたらしいので、これらの記載を信じれば、頼政は鵺を討ち落とした後、すぐ近くで鏃を洗ったわけだ。

公園内には現在、池の由来を語る石碑が二つ立っており、一つは元禄十三年（一七〇〇）、当時の京都所司代・松平信庸《のぶつね》の家臣の建立によるもの。もう一つは公園整備後の昭和十一年（一九三六）、地元有志がそれを作り直した碑。なにせ元禄の碑文は昭和期には摩耗し、文字がほとんど読めなくなっていた。京都監獄の元看守長・青山咸懐なる人物が在職時にたまたま碑文を写していたため、これをたよりに新しい碑が建ったという。

明治期の官員録、つまり公務員名簿を調べると、青山咸懐の名はまず明治十四年（一八八一）の名簿に見られる。十等属官員兼十等警部とあるので、この時は警察官だったようだ。ただ明治十九年には、監獄内で流行中のチフスの対応に当たり、自らも感染した看守として記録に名が残る。明治十年代後半は京都の刑務所組織の変革期なので、それに合わせて警部から看守へ転任したのかもしれない。この後は長く、京都監獄に勤務した模様だ。

青山の生没年は不明だが、明治十四年にすでに役人になっているとなれば、二条公園が整備された時期には相当な高齢だったはず。なお高齢といえば源頼政も当時としてはずいぶんな齢《よわい》を重ねた人物で、死没時の年齢は数えで七十七歳。それも病死ではなく、平家追討を呼びかける以仁《もちひと》王《おう》の令旨《りょうじ》に呼応して挙兵し、宇治で平家軍と戦った末の自害という勇猛果敢な死にざまだ。こんな元気な高齢者たちのエピソードに接していると、どっちがどっち？　などとつまらないことで首をひねっていては、彼らに背中をどやされかねない気がする。

31　高瀬川の蜘蛛が運ぶもの

不動産物件を眺めるのが好きで、特に転居の予定はないのに時々情報サイトをのぞいている。先日も京都市内、高瀬川沿いの一戸建てを見付け、強く心を動かされてしまった。ちんまりした古家だが、だからこそわたしのような仕事の人間にはほどよさそうだ。

昔ながらの花街・先斗町《ぽんとちょう》や京都屈指の繁華街・木屋町のそばを流れる高瀬川は、江戸時代初期に開削された人工河川。鉄道網の普及を受けて大正九年（一九二〇）に運航を停止するまで、京都から大坂に向かう物資や旅客は、高瀬舟と呼ばれる小船でまず伏見に行き、そこでひと廻り大きな船に乗り換えて淀川を下るものだった。

江戸期の高瀬舟は、午前は伏見から京都への上り便のみ、午後はその反対のみの一方通行。また伏見から先は夜に船出し、早朝に大坂に到着するスケジュールなので、京都から大坂への船旅はほぼ一日がかりとなる。言うまでもなく、大坂から京都へ川をさかのぼる際は、懸命に櫓《ろ》を操り、場所によっては人足が船を綱で曳いての移動だったので、時間も船賃も倍以上かかったという。

とはいえ今日の高瀬川は水嵩も少なく、辺りの桜や柳のおかげでそぞろ歩きにぴったりの川筋だ。京坂間の運輸の大動脈だった往時の賑わいなぞ、しのぶべくもない。なお、かつて親しくしていただいた葉室麟さんの京都の仕事場も、裏手に高瀬川が流れていた。

——かにかくに　祇園は恋し　寝《ぬ》るときも　枕のしたを　水のながるる

と吉井勇が詠《うた》ったのは、先斗町と肩を並べる花街・祇園を流れる白川で、高瀬川ではない。ただ室内まで水音が響く家は、どれだけ心が落ち着くことか。そう思うと矢も盾もたまらず物件詳細を業者から取り寄せそうになったが、いや、落ち着け。

水が近いとはすなわち、生き物が多いことと同義でもある。鴨や鷺といった水鳥ならまだいいが、虫もいると覚悟せねばなるまい。なにせわたしは虫が大の苦手。夏の夕暮れ、涼しいせせらぎに誘われて窓を開けた途端、蛾や蚊が飛び込んでくる可能性を考えると、それだけでむむむと声が出る。風情ある暮らしとは、我慢と表裏一体なのかもしれない。

人間はおおむね、脚の多い生き物か脚のない生き物のどちらかを怖がる傾向があるという。蛇を可愛いと思い、虫が苦手なわたしはこの分類で言えば前者だろう。ただ脚が多い生き物も、いっそムカデや蜘蛛レベルまで増えてしまえば、さして怖いとは思わない。以前、わたしの部屋にしばしば出没していたアシダカグモには、勝手に「京太郎」という名をつけて愛でていた。どうもわたしが苦手なのは、六本脚の生き物に限られるらしい。

わたしが小さい頃、年配の方々からよく「朝の蜘蛛は縁起がいい」とか、「蜘蛛が来ると待ち人が来る」と教えられた。この言い伝えは中国由来で、奈良時代にはすでに日本に伝えられていた模様だ。八世紀に編纂された『日本書紀』には、「我が背子《せこ》が　来べき宵なり　ささがねの

蜘蛛の行ひ　今夕著《こよいしる》しも（今夜は恋しい方がお越しらしい。蜘蛛がしきりに動き回っているよ）」という歌が記されており、蜘蛛＝待ち人の訪れというイメージが早くも確認できる。つまり日本人はかれこれ千年以上、同じ言い伝えを口にしているわけだ。

この歌は平安時代には『古今和歌集』に採用され、やがては「ささがに（ね）」という語自体が蜘蛛を指すようになった。鎌倉時代に編まれた『釈日本紀』は「ささがにとは蜘蛛の別名。身体が蟹のようで、笹原に住んでいるためともいう」と書いている。甲殻類とクモ類が別の分類と知る今日の我々には意外だが、当時の人々は蟹と蜘蛛を仲間と思っていた節がある。見た目だけで言えば、確かに似ていなくもない。

蜘蛛＝恋の妙薬？

ちなみに現存する日本最古の医学書である『医心方《いしんぽう》』という書物には、蜘蛛を使うことで得られるある効能が紹介されている。その効能とは「相愛」、つまり相思相愛になれるというもの。使うものは蜘蛛が一匹、ワラジムシが十四匹。これらを素焼きの器の中において百日陰干ししたものを相手の衣に塗ると、必ずその人がくるという。もっともこの書物には、未婚女性の髪十四本を縄に編んで所持していると、見た者から好意を抱かれるとか、自分の爪と髪を焼いた灰を相手の食事に混ぜると、たった一日会わないだけでも三か月もご無沙汰だったかのように思ってもらえるとか、まじないに近い方法も多く紹介されている。その中でわざわざ蜘蛛を使って恋人を呼ぶ理由は、やはり彼らは人を招くという属性が一般的だったためではなかろうか。

ところで京都市内にはかつて、「蜘蛛塚」と呼ばれる塚が計三か所存在した。うち二つは平安時代中期の武士、大江山の鬼神・酒呑童子を討ったことで知られる源頼光が、妖怪・土蜘蛛を討伐した逸話にちなんでおり、まだかろうじてゆかりの場所が残っている。残る一つは現在の京都の中心部、烏丸五条付近に存在した大善院《だいぜんいん》という寺にあったもので、覚円なる山伏が人を喰らう巨大蜘蛛を成敗した後に作られた塚。大善院は明治維新の廃仏毀釈で廃され、その跡地も明治四十年代に行われた京都市内主要道路拡幅工事の中で飲み込まれ、現在は烏丸通の一部になっている。

この道路工事は維新後の京都復権を目指した事業の一つで、拡幅された道路には電車が走った。ことに烏丸通は、天皇が京都にお成りの際、京都駅から京都御所へとスムーズに移動できるよう、他の通りよりも広い十五間（約二十七メートル）の幅に広げられた。

結果、京都は市内のそこここを市電が走る街に変わり、高瀬舟を始めとする古き運輸方法を駆逐していく。つまり今日の高瀬川が静かな流れでいられるのも、蜘蛛塚跡地を飲み込んだ工事ゆえ。そう考えると、もし高瀬川から蜘蛛が上がってきた時は、丁寧に扱うべきなのかもしれない。

32　公家のスキャンダルと温泉

北海道・函館周辺を巡る三泊四日の取材に出かけた。もともとは戊辰戦争最後の戦いとなった箱館戦争を深く知るための取材だったが、なにせわたしの身上はあり余る好奇心だ。ご同行くださった編集者さんたちが道南にお詳しいこともあって、「こんな人物が！」「こんな出来事が！」と箱館戦争とは無縁の様々までわくわくと学び、これまで考えもしなかった小説のテーマを複数見付けて、京都に戻った。

その旅の中で思いがけなかったことの一つは、函館から車で二時間ほど走った松前町郷土資料館での、江戸時代初期の公家・花山院忠長《かざんいんただなが》の書との出会いだ。この人物が蝦夷地、つまり北海道に来ていたことは知識としては知っていた。しかし自分が京都からはるばる道南まで来た後、彼のしたためた短冊を目にすれば、今日とは比べ物にならぬほど旅が困難だった時代、極寒の地に移り住んだ彼の心細さが身に迫る。それが罪を問われ、わずか二十三歳の若さでの流罪となれば、なおのことだ。

忠長が問われた罪とは、宮中の女官との密通事件。それも彼を含めた複数の公家・女官が参加していたというなかなかスキャンダラスなものだ。後に「猪熊《いのくま》事件」と呼ばれるこの騒動が明るみに出たのは、慶長十四年（一六〇九）。豊臣秀頼を主といただく豊臣家の勢力は九年前の関ヶ原の戦いによって弱まり、征夷大将軍となった徳川家康の勢力が宮中にも及び始めていた矢先だ。

ただ当時、公家と女官の密通は珍しいものではなかった。この二年前には同じく公家の猪熊教利《のりとし》が、十年前には久我《こが》敦通《あつみち》が、それぞれ同様の咎《とが》で天皇の怒りを買っている。ちなみに久我敦通については、彼の父親・通堅《みちかた》もやはり女官との密通が露見して都にいられなくなったという、親子二代揃っての不届き者だ。

こういった場合、男はしばらく京都を離れてほとぼりを冷まし、女は宮仕えを辞して実家に帰るのがお定まりだった。だがそんな中で大胆なことに、猪熊教利なる男は一年ほどの放浪を経て都に舞い戻り、今度は年の近い若公家たちをも巻き込んでの大がかりな密事を始めた。そんな彼に誘われ、危ない遊びに手を染めてしまった一人が忠長だった。

花山院家は藤原道長の曾孫を家祖とし、太政大臣になる資格を有する名門。なお現在、奈良・春日大社の宮司をお務めの花山院《かさんのいん》弘匡《ひろただ》氏は、花山院家三十三代当主でいらっしゃる。

当時の天皇・後陽成《ごようぜい》は、相次ぐ宮中の乱倫に対し、それ以前から様々な手を講じていた。このため事件を知った帝の怒りはすさまじかった。通常、こういった時は朝廷内で内々に事件が処理されるものだが、天皇は一件を幕府の手に委ね、関係者を極刑に処すことを望んだ。

結果、首謀者・猪熊教利と彼の手伝いをした御典医は、いち早く都を脱出したにもかかわらず、逃亡先で捕縛されて斬首。密通に関わった公家のうち二人は許されたが、残り五人は花山院忠長が蝦夷地に流されたのを筆頭に、薩摩の硫黄島や隠岐などの僻地にそれぞれ流罪となった。なお女官の側は密通に参加した五名とお付きの侍女二人が、まとめて伊豆諸島の新島に流されている。女性にも容赦のない量刑に、天皇の怒りのただならなさが垣間見える。

しかも彼らの流罪は長期間に及び、花山院忠長を例に挙げれば、松前に流された四年後には罪一等を減じられて津軽へ移るが、そこで更に二十二年を過ごす。結局、彼の帰京が叶ったのは、六十五歳になってから。その十年後に忠長は亡くなったので、都出身にもかかわらず、彼は生涯の大半を異郷で過ごしたと言える。

公家でいいのか、開湯伝説

それにしても北国の人々にとって、遠い都からやってきた忠長は罪人であるとともに、高貴な尊ぶべき人物と受け止められていたらしい。猪熊事件から約二百年後に東北を経巡った文人・菅《すが》江真澄《えますみ》は、「ある地域の村の名が柏木・夕顔など『源氏物語』の各巻の名前がついているのは、花山院忠長がつけたもの」「花山院忠長が物寂しく日を過ごしていた場所なので、ある地域は花山ながれと呼ばれている」などといった、彼ゆかりの逸話を複数書き記している（『真澄遊覧記』）。

また現在、青森県黒石市では、板留《いたどめ》・温湯《ぬるゆ》といった温泉地の名称は、花山院忠長にちなむものとの伝承が残っているという。ただ彼が配流される約六十年前に記された『津軽郡中名字《つがるぐんちゅうみょうじ》』には、すでに「板留」「熱後湯《ぬるゆ》」の地名が確認できる。ゆえにこれらは忠長とは無関係な地名で、後に彼に仮託されたと考えるのが自然だろう。

思えば、全国の温泉にはとかく様々な伝説がつきものだ。弘法大師空海が独鈷杵《とっこしょ》を突き立てて湯を湧かせたという伊豆の修善寺温泉、奈良時代の高僧・行基が謎の老僧との出会いをきっかけに発見したと伝えられる石川県の山中温泉、はたまた神功皇后が外国遠征の帰路に発見したという佐賀・嬉野《うれしの》温泉……バリエーションは様々あるが、「傑人が温泉を発見する」という逸話は、鳥や獣が湯で傷を癒していたというバージョンと並んで、開湯伝説の定番だ。

ならば花山院忠長と複数の温泉との関わりも、この開湯伝説の一種と捉えるべきだろう。ただ同じ青森県内でも、大鰐《おおわに》温泉は鎌倉期の高僧・円智上人、奥薬研《おくやげん》温泉は慈覚大師円仁を由来としている。それらに比べると、都から配流されてきた公家でいいのか？　とツッコミを入れずにはいられないが、都から遠く隔たった北国での忠長の日々を思えば、たとえ伝説であれ、その記憶が土地に刻まれていることは喜ぶべき話かもしれない。

ちなみにまったく私事ではあるが、わたしが函館取材の折に泊まったホテルには大浴場があった。ただ取材に疲れ果てていたわたしは部屋の小さなバスタブに浸かるのが精いっぱいで、最上階の浴場まで一度も出かけられなかった。それがあまりに悔しいので、次の旅ではぜひ、花山院忠長の名が残る湯に出かけてみたい。

33「薪能」普及の立役者はオリンピック？

毎年六月一日・二日、京都では「京都薪能《たきぎのう》」が催される。初夏を告げる風物詩として報道されることも多く、近年は外国人観光客にも人気だ。

会場となる平安神宮は、高さ二十四メートルの大鳥居でもよく知られている。明治二十八年（一八九五）に平安遷都千百年を記念して建てられたという、京都では比較的新しい神社だ。

祭神は京都に都を定めた桓武天皇と、平安京で最後に亡くなった天皇・孝明天皇。創建の際、京都市民全員の氏神とされたため、我が家の郵便受けにも毎年必ず平安神宮のお札が放り込まれる。もちろん地域の氏神さまだっておわすので、京都市民の大半は二つの氏神さまを持つ理屈だ。

平安京ゆかりということで、その社殿は平安時代の政治の中心地・大極殿を八分の五の大きさで模している。境内の東西にはこれまた平安京内裏同様に二棟の楼閣が立ち、長い歩廊がこれらの建物をつなぐ。

そんな境内でまだ日のある夕刻から始まる京都薪能では、舞台に篝台《かがりだい》が据えられ、東山に夕闇が漂い始めるのに合わせて薪に火が入れられる。朱塗りの美しい社殿もライトアップされ、鼓や笛、謡の音色とともに華やかな能衣装を翻して舞う演者たちをいっそうきらびやかに彩る。

わたしにとって京都薪能は、あらゆる京都の行事の中でも屈指の思い出深いイベントだ。なぜなら十数年前、小説家デビューしたばかりのわたしがデビュー版元以外から最初に執筆依頼を受けたのが、この京都薪能で販売されるパンフレットのコラムだったからだ。とはいえ、駆け出しの身だけに、コラムといってもメイン部分ではなく、各曲の豆知識をそれぞれ百字程度で書く仕事だった。それでも、まだ海のものとも山のものともつかぬわたしにお声がけいただいた恩は忘れられない。コラムの仕事自体はすでに後進にお譲りしたが、わたしにとって京都薪能は仕事の上での心のふるさとだ。

ところで薪能は現在全国各地で、事あるごとに季節を問わず行われている。かつて映画・ドラマでも大ヒットした渡辺淳一の長編『失楽園』で、主人公たちに転機をもたらすデートの場が薪能だったことをご記憶の方も多かろう。ただほんの半世紀ほど前まで、薪能といえば奈良で演じられるものと決まっていた。

その証拠に、明治二十二年（一八八九）から刊行された国語辞書『言海』を見てみよう。その「薪能」の項目には、

——奈良ノ興福寺前ノ芝生ニテ、陰暦二月ニ七日間行フ神事。

と、明言されている。そう、薪能とは本来、特定の演能だけを指す言葉だったのだ。

この興福寺薪能は、二月の仏教行事・修二会《しゅにえ》に合わせて行われたもの。元々は能楽ではなく、役僧が祓《はら》えの所作を行っていたのが、やがて能楽各流派の奉納能に変わったとの説もある。室町時代の能楽の大成者・世阿弥は著書『風姿花伝』の中でこの興福寺薪能を、「四座《よざ》の申楽《さるがく》、一年

中の御神事初めなり。天下泰平の御祈禱なり」と記しているので、少なくとも室町時代にはすでに始まっていたと考えてよさそうだ。

なお幕末に編まれ、明治期にも再版されている『俳諧発句五百題』を見ると、「薪能」は春の題とも明記されている。現在のように年中どこかで薪能が行われるなぞ、かつては想定されていなかったと分かる。

そんな薪能が広まった契機は昭和二十五年（一九五〇）五月、平安神宮で始まった京都薪能。言うまでもなくこれは、現在六月に行われている京都薪能のさきがけに当たる。その翌年七月には東京でも東京薪能が始まり、以来、二月の奈良を指していたはずの薪能は全国で行われるようになっていく。もっとも当初はこれらの薪能は、やはり奈良興福寺薪能の真似事と受け止められていたらしい。

火入れ式誕生

折口信夫《おりくちしのぶ》に師事した民俗芸能研究者・三隅治雄《みすみはるお》は、昭和二十九年の「演劇評論」に寄稿した小論の中で、東京・京都の薪能を「類似催事」「事大主義的な虚々《そらぞら》しさ」と評している。また昭和二十八年に第四回京都薪能を見た建築家・蔵田周忠《ちかただ》は、「青空の下の大衆能というものをはじめて見たので、（中略）おちつかないものを感じ、能のような寸分すきなく洗練された芸術はやはり整った能舞台で見るべきだ」と率直な感想を述べている。

なお蔵田は雑誌「能」に寄せたこの文章の中で、薪能の儀式として行われた火入れ式についても詳細に記している。その手順は神前の燈明から火を移した松明《たいまつ》を舞台中央に運び、受け取った裃《かみしも》姿の能楽師が四方の篝に点火して歩くというもの。第一回京都薪能の詳細を記した『昭和二十六年版 京都年鑑』には火入れ式の記載が見えないので、これは二回目以降に加えられた工夫のようだ。同様の火入れ式は現在、京都薪能のみならず各地で行われており、今や薪能には欠かせぬ仕掛けと言ってもいい。ただわたしはかつて鼓の大先生から、この火入れ式は京都のとある能楽師がオリンピックの聖火台点火を見て思いついたものと教えられた。

京都薪能黎明期に近いオリンピックと言えば、昭和二十七年のヘルシンキ五輪か同年のオスロ冬季五輪。しかし日本でテレビ放送がスタートしたのは昭和二十八年二月なので、火入れ式＝聖火台点火由来説が本当とすれば、考案者はテレビ放送でその場面を見たわけではなく、新聞で写真を目にしたか、ラジオで聞いたか、はたまたニュース映画で知ったこととなる。

今日、全国の薪能で、火入れ式はおよそ外国由来の行事とは思えぬほど自然に執り行われているし、そもそも「薪能」が季節も場所も限定的な舞台だったと知る人も少ない。三隅や蔵田のような違和感を抱く観客も、もはや絶えて久しかろう。

決してそれが悪いと言いたいのではない。ただ物事の由来や伝統とは、ほんの数十年もあれば変質する。その事実だけは常に心に留めておきたい次第だ。

34 「小京都」の京都離れ

少し前から、仲のいい同業者三人で定期的に旅行に出かけている。メンバーは京都在住のわたしを除くと、一人が東京、一人が名古屋暮らし。というわけで、まずは真ん中の名古屋に集まり、そこからどこかに足を延ばす形式がお定まりだ。

最近赴いたのは、飛騨高山。実はわたしが大学時代に所属していたサークルの合宿所は、高山市の東端にあった。ゆえに卒業後も数年おきに、この地には足を運んでいる。ただなにぶん、観光などとは縁がなく、駅に着くや否や後輩に車に押し込まれ、約一時間をかけて乗鞍岳にもほど近い合宿所もとい民宿に連れて行かれるばかり。このためまともに高山市内中心部を歩いたのは、実に二十数年ぶりだった。

桜も散り、日本三大曳山祭の一つに数えられる高山祭も終わった時期だけに、きっと市内は空いているはず。そう思って高山を代表する観光地、古い町並みが今なお残る上町・下町へと歩き出して、驚いた。平日の午後にもかかわらず、びっくりするほど人がいる。しかも我々を除く大半は、外国人観光客だ。

日本語はほとんど聞こえない。夕食は酒好きの二人が相談して店を決めていたが、これまた日本人客は我々だけ。おかげで周囲の耳を気にせず、小説談議に花を咲かせた。

高山市が昭和五十年代から外国人観光客誘致に舵を切っていたことは、よく知られている。英語のパンフレットを昭和六十年（一九八五）から製作し、海外にも常時市職員を派遣しているというから驚きだ。とはいえ、わたしが頻繁に訪れていた平成の半ば頃は、それでも外国人観光客を目にすることは稀だった。それを思えばこの混雑は、地道な努力がようやく実を結んだ証だろう。

ところで高山市はガイドブックなどで時々、「飛騨の小京都」と記されている。確かに戦国時代末期にこの地を治めた武将・金森長近《かなもりながちか》は、京都をまねた碁盤の目状に通りを整備し、これが今日の町並みの基礎を成している。またぐるりを山に囲まれ、街の真ん中を宮川という川が流れている地形も、盆地の中に鴨川がある京都と類似している。

しかし高山市自体は最近、この「小京都」の語をあまり前面に打ち出していない。小京都の異名を持つ各地自治体は現在、「全国京都会議」という集まりを構成しているが、高山市は昭和六十年の創設以来のメンバーにもかかわらず、平成二十年（二〇〇八）にここから脱退しているのだ。これまでに脱退したのは高山のほか、石川県金沢市や青森県弘前市など三十近くの自治体。そもそも参加している自治体数は、平成十一年の五十六市町をピークにじわじわと減少しており、現在は最盛期の三分の二ほどに落ち着いている。脱退理由はそれぞれだが高山市に関して言えば、貴族文化をもとになり立った京都とは異なり、町の成立が武家文化に基づくものであり、小京都というブランドにそぐわないためとされている。

京都が長い歴史を持つ都市であり、観光地としても古くから愛されていることは事実だ。本書冒頭で少し触れたが、江戸時代にはすでに京都の名所を案内する書物、つまりガイドブックが相次いで刊行されている。宝永五年（一七〇八）刊行の『京内まいり』などは、洛中社寺を三日で回るあわただしいコースを紹介しており、今でもそのまま応用できそうだ。

戦後日本の心の故郷を映して

そうは言っても当時の京都は、神社仏閣や古典に登場する史跡が多い土地だったに過ぎない。それが今日のように、日本の歴史・文化を代表する都市とまで見なされるようになったのは、太平洋戦争の後。

——戦争の果に日本に残ったのは、実に京都、奈良だけだといってもよいのである。

とは、昭和二十三年（一九四八）に毎日新聞に連載された大佛《おさらぎ》次郎の長編小説『帰郷』の一節。この短い文章には、当時の京都に求められていたものの真髄が凝縮されている。

『帰郷』の主人公たる男は、太平洋戦争中、やむなき理由から外国を流浪し、戦後、ようやく故国に戻る。だが彼は、激しく変貌し、伝統や誇りを失った日本の姿に落胆を覚える。そして大きな空襲に見舞われなかった京都の光景にかろうじて心慰められ、古い生活や伝統がここには残っていると述懐するのだ。

この小説は木暮実千代・佐分利信《さぶりしん》主演で映画化され、大ヒットに至る。ことに登場人物たちの重要な出会いの場と設定される苔寺（西芳寺）は、以後、京都屈指の観光地として抜群の人気を誇り、今日に至っている。

つまり戦後の人々は戦争をきっかけに、京都という街を失われた日本の心の故郷と見なした。「小京都」という言葉はまさにこの京都ブランドに乗って広まったもので、実のところ古くから多用されている語ではない。わたしが確認できた範囲では、明治三十一年（一八九八）に刊行された地理書『新体内国地誌』に、それこそ現在の高山市を「小京都ノ名アリ」と説明しているのが初出だが、その用途は戦前までは高山とせいぜい山口県山口市程度に限られていた。それが全国各地に敷衍《ふえん》されたのは、日本の経済発展とともに始まった旅行ブームの最中。敗戦とその後の高度経済成長の中で、失われたものへの郷愁、ある種の歴史の懐古が大衆に浸透し、「小京都」は古きよき日本の街並みの代名詞としてもてはやされていったわけだ。

もっとも戦後が遠のき、各市町村がそれぞれの立脚点を改めて見つめ直し始めてみれば、元より京都と各自治体は成立も発展の仕方もまったく異なる。ならば各地が「京都離れ」に踏み切るのは、当然の流れ。そもそも今なお新幹線の新路線が開業し、交通網が発達し続けているただ中なのだ。京都らしいものを見たければ、京都に行けばいい。昨今の金沢市の賑わいや高山市の人気ぶりを見るに、京都離れは二十一世紀における新たな観光振興の切り札となり得るのかもしれない。

35「薬子の変」に思うこと

理数系の学問が苦手で、いまだにしょっちゅう些細な計算でつまずく。歴史時代小説を書いていると、登場人物の年齢計算をせねばならないことも多いのに、数え年齢・満年齢の違いもあって、執筆中はひんぱんに「あれ……?」と首をひねっている。

一方で小説家として仕事を続けていると、「デビューから何年ですか?」と聞かれることも多い。が、数字が苦手なわたしは、自分がプロ作家になった年をちゃんと記憶していない。ただ自分がデビューしたのは、平城京遷都一三〇〇年記念の年だったとは覚えている。だからこういう時、わたしはいつも頭の中で「ええと、平城京遷都の年、西暦七一〇年に一三〇〇を足せばいいのだから二〇一〇年か」と計算をし、さも以前から覚えていたような顔で「〇〇年です」と答えている。

なお中学・高校の歴史の授業がいまだに暗記を中心に行われるせいで、一般に歴史家は年号を多く覚えねばならぬように思われがちだが、それは明らかな誤解だ。

「何年にどんな事件が起きたかは、辞典を開けば間違いなく載っている。だからいちいち覚える必要はない」

とは、わたしが大学院までお世話になった指導教官の言葉。各事件発生年をすべて覚えていれば確かに便利だが、そんなことは歴史を考える上では些事《さじ》に過ぎない。むしろ暗記に気を取られ、事件の本質や時代の変化の意味を考えられなくなっては、そもそも歴史を学ぶ意味を失ってしまう。

というわけで告白すれば、わたしは大化の改新と平城京・平安京遷都、それに関ヶ原の戦と大政奉還ぐらいしか年号を覚えていない。「大化の改新の十八年後に白村江の戦」「関ヶ原の十五年後に豊臣家滅亡」と関連づけ、デビュー年同様、いちいち頭の中で計算している。そんな関連年号の一つとして紐づけているものが、平城京遷都からちょうど百年後に起きた「薬子《くすこ》の変」——最近の歴史学界では「平城《へいぜい》太上天皇の変」とも呼ばれる兵乱だ。

大同五年（八一〇）に発生したこれは、共に桓武天皇の息子である平城上皇と嵯峨天皇の対立だ。先帝・平城が政治への関与を強め、遂には都を平安京から平城京へ移すと宣言。これを中止させんとした嵯峨天皇側との間に緊張が走るが、勝ち目がないと悟った平城上皇が我を折ったこともあり、大掛かりな武力衝突は回避された。結果、上皇の寵愛を受けていた女官・藤原薬子が自殺、その兄・仲成《なかなり》も射殺された他、嵯峨帝の皇太子だった平城上皇の息子・高岳《たかおか》親王が廃太子され、嵯峨天皇を中心とする政治体制が確立した。

かつてこの変が「薬子の変」と称されたのは、悪女・薬子とその兄が上皇を操ったとの見方が一般的だったためだ。しかし近年は律令制下での上皇権力の大きさが騒動のきっかけになったと見なす説が有力で、薬子の名を冠することは激減している。

そもそも、薬子はなぜ悪女扱いされたのか。この政変を最初に「平城太上天皇の変」と呼ぶべしと提唱した歴史学者・北山茂夫は、嵯峨帝が編纂させた歴史書『日本後紀』は、平城上皇の立場を守るべく、騒動の責任をすべて薬子・仲成に負わせたと指摘する。確かにこの史書における薬子の扱いはひどく、「長女が皇太子時代の平城の妃となった際、自らも女官として宮城に上がり、皇太子の寵愛を受けた」「風俗乱倫を懸念した桓武天皇によって宮廷を追われたが、平城の即位後立ち返り、恩寵を背景に好き放題をした」などといかにもスキャンダラスに綴る。それでいて平城と嵯峨の関係が悪化するや、

「衆悪の己に帰すところを知り、遂に薬を仰いで死す（すべての悪事が自分ゆえであると悟り、毒薬を飲んで亡くなった）」

というから、ずいぶんと物分かりが良い悪女である。

「自殺」も「自由」も日本にあった

だいたい落ち着いて考えれば、桓武天皇に風俗乱倫をとやかく言う資格があるのだろうか。なにせ桓武帝は大変多くの女性を寵愛した人物で、正式な記録に残る妃だけでも三十名近く。他にも、多くの女性が後宮に侍《はべ》っていたと推測されている。その中には、「為性倨傲《ひととなりきょごう》にして、情操修まらず。（中略）婬行《ようこう》いよいよ増して、自制する事能わず」と『日本後紀』に記されるほど傲岸不遜かつ奔放だった酒人内親王や、姉妹で桓武天皇の寵愛を受けた坂上田村麻呂の娘たちも混じっている。そんな父親に引き比べれば、平城の行いもさして目くじらを立てるほどではないよう

な気がする。薬子を貶める作為があると受け止めるのは、ごく自然なことだろう。

なおわたしが薬子関連の史料に接するたび目が留まるのは、『日本後紀』の乱の顚末を物語る箇所、「(上皇)乃《より》て宮に旋《かえ》りて剃髪入道す。藤原朝臣薬子、自殺す」だ。この「自殺」は「自らを殺す」と読んでもよかろうが、一見、近代の言葉と考えがちな「自殺」がすでに平安時代に使われているのは面白い。

また薬子が宮廷で専横を極めたと記す箇所には、「百司の衆務、吐納《とのう》を自由す」と、役所の仕事や天皇への取次を勝手に行ったという意味で、「自由」の語も登場する。この言葉については、明治時代、libertyやfreedomの訳語として使われたとの話がよく知られている。ゆえに「自由」とは近代以降の語と勘違いされがちだが、『日本後紀』はおろか、それに先立って記された史書『続日本紀』でも「気ままに」「思うがままに」との用途で使われている。今日のものとはニュアンスが少々異なっているものの、古しえの人々は我々が考える以上に、現代人と共通した言葉を用いていたのだ。

ただ厄介なことに我々は漠然と、古い時代と現代の言葉は違うとのイメージを持ちがちだ。そのため理解しやすい熟語は近代になって作られたものとつい思い込んでしまう。奈良時代や平安時代を小説で描くわたしからすれば、読者の方々の古代イメージを守りつつも、やはり当時の言葉はそのまま登場させたいのだが、毎回なかなか難しいところである。

36　通学路から時代劇が見える

最近、松平健さん主演のテレビ時代劇「暴れん坊将軍」にハマり直し、ＢＳの再放送を毎日せっせと見ている。かれこれ四十年も昔の作品だが、毎話興味深い仕掛けがあり、現代人の江戸時代イメージはここから来ているのかなど学ぶ点も多い。

思えばわたしは昔から、時代劇が大好きな子どもだった。記憶にある限りで最初に手に取った時代小説、野村胡堂の『銭形平次捕物控』も、そもそもは風間杜夫さん主演のドラマがきっかけで知ったほどだ。

わたしの小学生時代はテレビ時代劇が全盛で、月曜から日曜まで毎晩どこかで時代劇が放送されていた。その影響で藤沢周平、池波正太郎、柴田錬三郎に笹沢左保……読書ラインナップも小中学生にしては渋すぎる方面へとどんどん広がった。

わたしはなぜこれほど時代劇を愛したのか。当時から歴史好きだったことも、無論大きい。加えて個人的な話ではあるが、時代劇の多くが京都で撮影されていた当時、わたしの生活圏内では頻繁に時代劇ロケが行われていた。小学校からの下校時、通いなれた神社の参道にお江戸の縁日が出現していたり、角を曲がった途端、お侍さんたちがチャンバラをしていることも珍しくなかった。三軒隣に住んでいた幼馴染は、それこそ「暴れん坊将軍」のロケに出くわし、松平健さんからサインをもらっている。実にうらやましい。

だからわたしにとって時代劇とは虚構であるとともに、現実と不思議に連続した世界でもあった。自分の現実が遠い江戸の町へと続いている奇妙が面白くてならなかった。ゆえに今でも「暴れん坊将軍」を筆頭とするかつての時代劇で馴染みの風景が映ると、「裏の神社さんの脇の階段」「公園の向こうのお稲荷さん」と気付いて嬉しくなる。中でも頻繁に登場するのが、京都市内の西部に位置する禅寺・妙心寺の境内。わたしにとっては通っていた保育園がある親しみ深い寺院だが、時代劇の中では数々の塔頭《たっちゅう》は武家屋敷に、石畳の路地は江戸市中の町並みとして違う顔を見せてくれる。

室町時代初期建立の妙心寺は、国内の臨済宗における最大宗派・妙心寺派の大本山。塔頭は山内だけでも五十近くに及び、その中には日本の水墨画の代表作として知られる如拙《じょせつ》筆・国宝《瓢《ひょう》鮎図《ねんず》》を所有する退蔵院や徳川第三代将軍・家光の乳母だった春日局が創建した麟祥院など、よく知られているものも多い。また夏の初めの時期は、通常は非公開の東林院で、沙羅双樹《さらそうじゅ》の花を愛でる会が行われもする。

沙羅双樹と言えば、『平家物語』の冒頭、「祇園精舎の鐘の声、諸行無常の響きあり。沙羅双樹の花の色、盛者必衰の理《ことわり》をあらはす」を思い出す方も多いだろう。この植物はもともとはインド原産のフタバガキ科の常緑高木で、釈迦が亡くなった時、四方に二本ずつ生えていた木とされている。ただ日本ではこの木は育成が難しいことから、本来の沙羅双樹と同じ一日花をつけるナツツバキを沙羅双樹と見なしている。ゆえに東林院の沙羅双樹もやはりナツツバキ。とはいえインド・日本のものを問わず、沙羅双樹の花を見られる場所は、国内ではさして多くはないのが実情だ。

にもかかわらず、沙羅双樹の語が一般に広く知られているのは、やはり『平家物語』のおかげだろう。思えば古典が必須の教養でなくなった今日は、『枕草子』の書き出し「春はあけぼの」、『徒然草』の冒頭「つれづれなるままに」など、古典作品の最初だけが一人歩きしている傾向がある。『平家物語』を含め、それらの作品を通読したことがある人は、ごく一部ではあるまいか。ただ『平家物語』をよく知らずとも、我々は馴染み深い「祇園精舎の鐘の声」のおかげで、知らない花にも親しみを抱き得る。「東林院で沙羅双樹が咲く」と聞けば、あの！と思うことが出来る。

知識とは体系的であるに越したことはない。だが我々がなぜ沙羅双樹を知っているかと考えるにつけ、断片的な知識でも、ゼロよりは有った方がいいと思わずにはいられない。ともすればそれは、大きな関心へのカギとなるかもしれないからだ。

フィルムに残る光景

ところで今日では『平家物語』以上に馴染みがないかもしれないが、昭和中期に活躍した人物に、沙羅双樹というペンネームの作家がいた。時代小説で文壇にデビューし、三度、直木賞候補になったものの受賞はかなわず、戦後には経済小説も執筆。やがて文芸ジャンルを離れ、株式投資ガイドブックを多く手掛けたという多彩な経歴の持ち主だ。

映画が全盛の時代とあって、彼の作品は複数が映像化されている。中でも、わたしが大学生の頃にビデオで見たのが昭和三十二年（一九五七）公開の東映映画『雪姫七変化』で、十万両の秘密を知る姫君・雪を、名子役として一世を風靡した松島トモ子が演じる大活劇。幻術師や女歌舞伎役者、雪姫の乳母や剣士たちが入り乱れるテンポの速い作品だ。その中で強く印象に残っているのが、物語の前半、雪姫一行が拉致されそうになるシーンで、ロケ地はこれまた我が家のすぐ近くの寺院の境内。今は砂利が敷かれているが、当時は剝き出しの地面を蹴立てて逃げる主従の姿に、案の定、嬉しくなった。

わたしが初めて見た時点で半世紀近く前の映画とあって、画面は当然白黒だ。ただ虚構と現実の違いばかりか、五十年もの歳月が加味されたその光景は、テレビで見る京都のロケ地以上に刺激的だった。月日を経てもほとんど変わらぬ光景と、今日ではもはやお目にかかれぬ白黒の画面の対比が、時代の流れを歴然と物語っていた。

かつて山のように作られた時代劇のうち、今日でも見ることができるものはごく一部。沙羅双樹原作作品のうち幾つかは、わたしもまだ出会えていない。だからこそいつかその機会を得たなら、きっと彼の名前をカギとして、いそいそとその作品を手に取るのだろう。時代劇は今も昔もわたしにとって、虚構の奥に現実を見せてくれる少しだけ不思議な存在だ。

37 京都土産のイノベーション

一週間程度の旅ならビジネスリュックひとつで済ましてしまうため、いつも同行者からびっくりされる。しかもリュックの中でもっともスペースを取っているのは、旅先で読む本と仕事用のパソコンという有様。化粧はしないし着替えは必要最低限なので、荷物のかさばりようがないのだ。

ただし仕事で上京する時は、この状況が一変する。往路は必ず巨大な紙袋を携えており、背のリュックよりそちらの方が大きい。最初に打ち合わせをした編集者さんにまず取り出したひと箱を差し上げ、次にお邪魔した出版社で更にひと箱……と、どんどん中身が減っていくそれは、「会社の皆さまでどうぞ」と用意した手土産の菓子だ。

「毎回、お土産を持って来られなくてもいいんですよ?」

と言われもするが、わたしは長年、週一日だけ大学の事務員として働いている。お客さんの手土産をスタッフでいただく嬉しさをよく知っているので、つい「喜んでもらえるといいな」と土産選びに力が入る。

ありがたいことに京都の菓子は、どこに持参しても喜んでいただける。新製品の開発や新店舗のオープンも盛んなので、自分が最近、味見をして気に入ったものを差し上げることも多い。

一方で地元の者には予想外な菓子が、いつしか土産物として大人気になっていることも頻繁だ。その代表例が現在、京都土産トップの人気を誇る「阿闍梨餅《あじゃりもち》」だろう。わたし自身この菓子は、学生の頃からよく買い求めていた。数が多いとちょっと重いのが難だが、大学研究室のお茶請けに使ったことも数知れない。ただそれは一つ百円（当時）という低価格と個包装で日持ちがいいという利便性に負うところが大だった。本店が我が家から比較的近く、いつでも自転車で立ち寄れたためでもある。それがどうだろう。今や本店は立派に建て替えられ、阿闍梨餅は京都駅でもデパートでも大行列しないと買えない菓子となってしまった。ううむ、かつては知る人ぞ知る、地元民のための商品だったのに。

一方で駅の土産物コーナーでは、京都土産の定番たる八ッ橋もいまだ根強い人気を保っている。粒あんにこしあん、京都らしい抹茶は言うに及ばず、季節の果物やチョコレート、ラムネなど味のバリエーションも豊富だ。ただし現在、八ッ橋コーナーの大半を占めるこれらは、一九六〇年代に開発された「生八ッ橋」。それ以前は八ッ橋といえば、板状の固焼きの製品のみを指していた。この昔ながらの八ッ橋の発祥については諸説あるが、十七世紀末頃に現在の京都大学近く、聖護院村で作られ始めたものと推測されている。

八ッ橋はかつては湿気を帯びやすく、日持ちが悪い菓子とされていたらしい。その欠点が明治期に改良されると、俄然、京都を代表する土産物として人気を博し始める。明治三十八年（一九〇五）には七条駅（現在の京都駅）に八ッ橋の販売コーナーが誕生。その三年後に農業振興団体・

京都府農会が行ったある全国講演会の記録を見ると、千数百人の参加者が見込まれた会の開催に際し、主催者は物販コーナーで書籍や絵葉書、特注扇子にハンカチ、そして京都の代表的菓子として八ッ橋を販売している。興味深いのはこの八ッ橋に対する説明で、「耐久美味且つ軽量なるものに付、土産に適当と認め直売せしむ」――つまり、日持ちがよくて美味しく、更に軽いので土産に便利と明記されている。なにせ鉄道は走っても、まだまだ荷物は自分で運ぶものだったこの時代、丈夫で軽い八ッ橋は大変重宝がられたわけだ。

戦場を駆ける八ッ橋

それゆえだろう。この当時の記録を読んでいると、八ッ橋が思いがけないところにしばしば顔を出す。たとえば新聞「六大新報」は明治二十三年（一八九〇）、真言宗の機関紙として創刊された日本最古の宗教新聞。日清・日露戦争の最中には、従軍した布教師の動向や戦地に寄贈した物品などの詳細を記事にしている。この新聞の日露戦争終盤の明治三十八年七月三十日号では、旅順攻略に参加した第九師団・第十一師団に、同行中の布教師を通じ、「京都名産八ッ橋五万枚」が届けられたと報じられている。

戦地に八ッ橋が送られる例はこの時だけではなかったらしく、第九師団に同行していた金子密禅なる僧侶は、この半年前にも「八ッ橋十缶」「味付海苔三缶」を受け取った礼を六大新報に寄稿している。八ッ橋と味付海苔がひとくくりで語られている点、八ッ橋がいかに日持ちがよく、運送に耐える便利な菓子と考えられていたかが推測できる。

ただ八ッ橋の保存性が高くなったのは、前述の通り、明治時代になってから。それ以前の八ッ橋は社寺の門前で売られていた饅頭や団子同様、その場で食べる土地の名物で、京都の土産として遠方まで持ち帰るものではなかったらしい。いや、八ッ橋に限らず、そもそも移動手段が徒歩のみだった近世まで、旅の土産とは腐敗しないものにならざるをえなかった。

江戸時代初期成立の笑話集『醒睡笑』に、京都に詳しいと吹聴する男が出て来る。彼は、「じゃあ、祇園と清水寺の間はどれぐらい離れているんだい?」と聞かれると、京都の絵図が書かれた扇を広げて眺め、「一寸ぐらいさ」と答えたという。つまりこの男は実際の京都はまったく知らず、町の様子を描いた扇の絵だけで知ったかぶりをしていたわけだ。男が手にしていた扇は当時、京土産としてメジャーな品だったらしく、この他に人形や針(本書〈48〉参照)、紅《べに》なども江戸期の史料では名が挙がる。いずれも小さくて持ち運びがしやすい点に注目だ。

そう思って顧みれば、今日、わたしが「京都の土産を」と思い立った時にすぐに菓子類を選び得るのは、すべて交通網・運輸網の発達のおかげ。そしていささか重く、かさばる阿闍梨餅が代表的お土産の座を占められるのは、実に歴史と社会の推移の結果なのだ。

夏

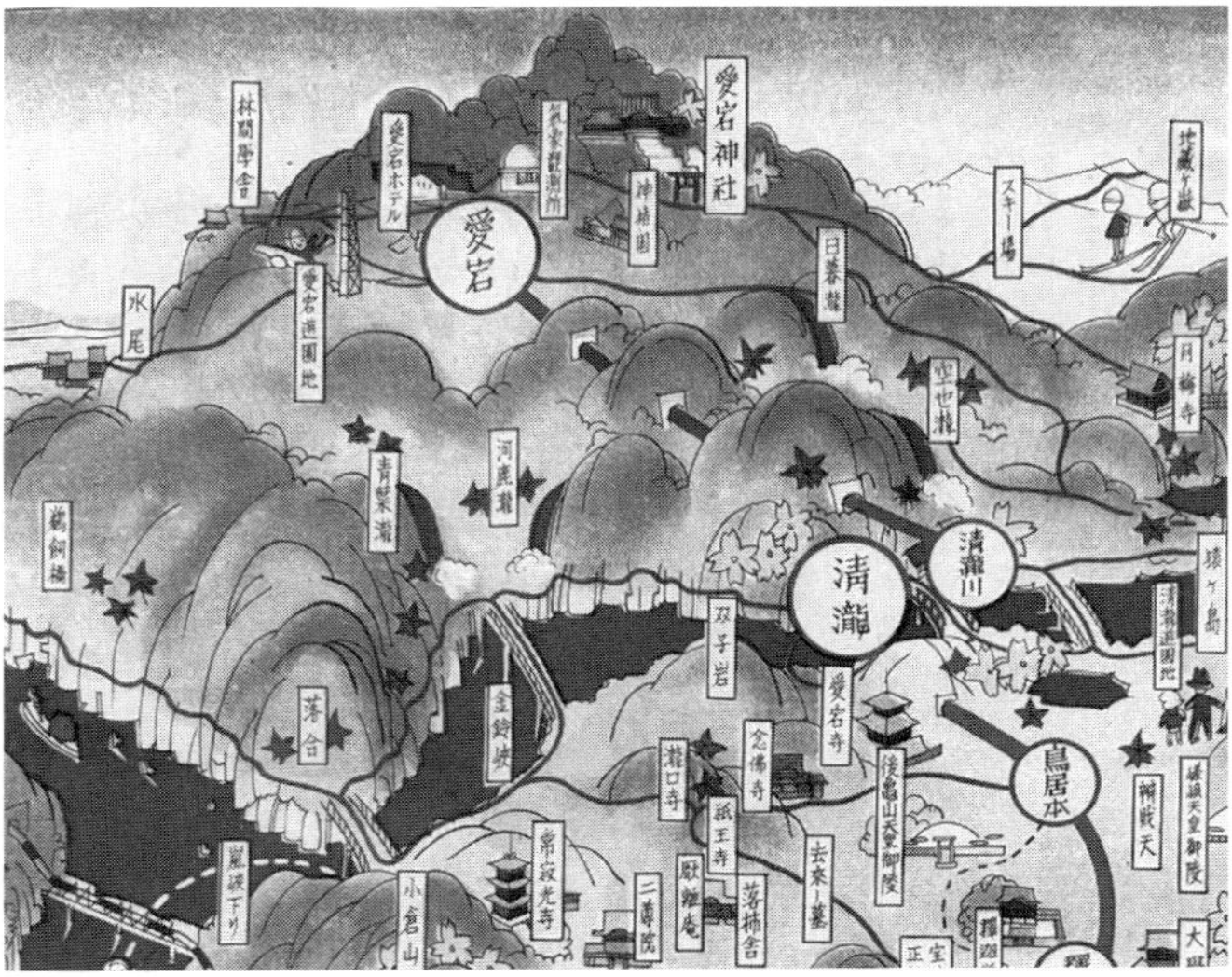

アウトドアレジャーへと誘う愛宕山鉄道の広告

38　伊庭八郎の京都スイーツ三昧

毎年、六月も半ばに差しかかると、なんとなく落ち着かぬ日々が始まる。

（そろそろやったっけ？）

（いや、まだ早いはず。去年は、二十六日から販売開始だったような）

と、指折り数えてその日を待つ。その日——とは、ある店が毎年五日間だけ作る和菓子・水無《みな》月《づき》の発売日だ。

水無月はもともと京都とその周辺地域の菓子だったが、近年は全国のコンビニでも扱われるほど一般的な存在となった。白いういろう生地に小豆を乗せて、二等辺三角形に切ったもので、本来は六月三十日、つまり一年の折り返しの日に行われる年中行事・夏越祓《なごしのはらえ》に合わせて食べる。最近は六月三十日にこだわらず、初夏の和菓子として、五月末ごろから販売を開始する和菓子屋も数多い。店によって、ういろう生地が抹茶味になったり黒糖生地になったり、乗る豆がうぐいす豆になったり金時豆になったりと色々なバリエーションがある。スポンジと生クリームで作った洋風水無月もあると聞くが、こちらは残念ながらまだ食べたことはない。

実は数年前まで、わたしは水無月にあまり関心がなかった。だがある時、「五色豆」で有名な豆菓子屋・豆政の水無月を食べて驚いた。京都の豆菓子筆頭の老舗のためか、乗っている豆の味が違う。ういろうのもっちり感も違う。かくしてあっという間に豆政の水無月のファンになってしまったわたしは、冒頭に書いた通り、そわそわと発売日を待つわけだ。

水無月は最近ではほとんど菓子の名前としてしか使われないが、もともとは旧暦六月の異名だ。旧暦六月は夏の最後の一か月で、厳しい暑さゆえに川や泉が涸れてしまうから「水無し月」と言うとか、農作業が「みな為尽《し》きる（やり終える）」から来たとか諸説ある。

東京の話になるが、明治三十八年（一九〇五）に創刊され、日本のグルメ雑誌のさきがけとも称される月刊雑誌「食道楽」の第三巻二号には、銀座新橋の時雨庵《しぐれあん》なる甘味処の話題が登場する。この店の名物は、毎月の風物詩にちなんだ十二種の汁粉で、たとえば一月の汁粉は「若菜」、二月は「梅」、三月は「桜」と、汁粉に入れる餅の色を変えたり、汁の味に変化をつけたりと工夫をこらしていた。ゆえに明治も末になると、時雨庵は「十二ヶ月」というあだ名で呼ばれもするが、この店の六月の汁粉は「水無月」で、水が無いという言葉にひっかけた洒落なのか、汁なし汁粉だったという。夏の暑い最中なら、むしろ豆の粒のないさらりとした汁粉の方がいいだろうに、そこは季節の風景の再現を重視した内容だったと見える。

時雨庵では汁粉十二種類を一度に平らげると、店の壁に氏名が貼り出され、会計が無料になるばかりか景品まで出た。反対に途中でギブアップすると十二杯分を全額払わねばならなかったというから、これは今日、学生街の食堂などで行われているドカ盛りチャレンジと変わりがない。もっとも十二ヶ月の中でも「梅」や「桜」は、赤い団子の中に練り羊羹が入るというこってり味。

しかも十二ヶ月チャレンジを申し出た客に対しては、汁粉の上に更に砂糖をかけて供するという、かなり卑怯な防衛策も使われていたそうだ。

この時雨庵は関東大震災で被災した後も銀座近辺で長く人気を集めたが、昭和の初めに閉店したとされる。大正十四年（一九二五）刊行の『食行脚《しょくあんぎゃ》　東京の巻』は、震災以前の店内の様子を記しており、それによれば店内には、日露戦争で戦死し、国民的英雄となった軍神・広瀬武夫や、外相・大隈重信の暗殺を企てた国家主義者・来島恒喜《くるしまつねき》の名前も十二ヶ月チャレンジ成功者として貼り出されていたとある。

軍神の愛した汁粉

――轟く砲音、飛び来る弾丸。荒波洗うデッキの上に、闇を貫く中佐の叫び。

広瀬武夫は死後、文部省唱歌「廣瀬中佐」によって、その武功を長く語り継がれた。沈みゆく船中で行方不明の部下を捜索し、結果、敵の砲弾に倒れた雄々しい軍人の姿と、十二杯の汁粉を平らげた青年の姿は不釣り合いで、だからこそ若き日の彼の横顔が垣間見えて微笑ましい。

武夫は明治維新が成ったばかりの慶応四年（一八六八）、豊後国岡藩（現在の大分県竹田市）の生まれ。彼の父である重武は岡藩の下級武士だったが、明治維新も間近な文久二年（一八六二）に脱藩し、尊皇派の志士として、九州・関西一帯で活躍した。伏見の船宿で尊皇派志士と薩摩藩の穏健派が衝突した通称・寺田屋事件にも関係し、その責めを負う形で帰郷。幽閉状態で明治維新を迎え、次男たる武夫を成した。つまり父親が京都にて尊皇攘夷活動に加わればこそ、武夫はこの世に生を受けたのであり、だからこそ彼は時雨庵で十二杯の汁粉に挑み得た道理だ。

今日、甘いものは男性よりも女性が好みがちと見なされ、甘味処やケーキ屋の客の男女比も明らかに差がある。それに比べると幕末や明治期は、幾ら女性が外で飲食をしなかったとの事実を差し引いても、現代よりも男性の甘党エピソードが目立つ。たとえば広瀬重武より七歳年下の旗本・伊庭《いば》八郎は、寺田屋事件の翌々年、第十四代将軍・徳川家茂の上洛に従って京都を訪れた際のさまざまを日記に残しているが、そこには半年の滞在の間に四回も汁粉を食べたとある。また彼が体調を崩して寝込んだ時には、客たちがカステイラ・練りきりの菓子・羊羹を持参しており、幾ら甘いものが貴重だった時代としても、あまりに見舞いの品が甘味に偏り過ぎだ。八郎の甘党ぶりは、周知されていたのだろう。

そんな八郎は大坂に移動する将軍に従って、五月に京都を離れ、翌月には江戸への帰路についた。もし六月末まで彼が京都にいたならば、その日記には水無月が登場したかもしれない。わたしとしては、きっと彼の口にも合ったに違いないと想像したい。

39 漱石の鱧、泣菫の鱧

七月に入ると京都は俄然にぎやかになる。日本三大祭のひとつ、そして京都の数ある祭礼の中で最多の人出を誇る祇園祭ゆえである。

祇園祭というと、どうしても宵山と山鉾《やまほこ》巡行がメディア等で取り上げられがちだ。ただし実際は七月の丸々一か月を費やして、様々な行事が行われている。このため宵山・山鉾巡行の時ばかりではなく、たとえば長刀鉾《なぎなた》に乗る生稚児《いきちご》が八坂神社にお参りする「お位もらい」、御旅所《おたびしょ》に安置されていた神輿が八坂神社に帰る「還幸祭」など、この一か月は四条通を中心とした市内中心部に頻繁に交通規制がかかる。わたしなぞは暦にあまり関係がない日々を送っているため、何も考えずにぶらりと街中に出て、「しまった、今日のこの時間は通行止めか！」と迂闊《うかつ》を悔いることも珍しくない。

一方で、祭礼があればそれを目当てにお越しになる人も増える。だからこの時期はわたしにとって、遠方の知人との再会が増える季節でもある。結果、待ち合わせ場所にいそいそと出かけようとして、またも「ここ、通行止めやった！」とあわてて迂回する。加えてこの時期はどこの飲食店も大混雑なので、せっかくの遠来の客のためにと、かなり前から食事場所を決めておく必要がある。

賀茂茄子、万願寺とうがらし、鮎……京都の夏の味覚は様々あるが、七月によく供されるのはやはり鱧だ。白身魚の鱧はあっさりした食感ながらも、強い旨味を抱いた魚。湯引きした鱧を梅肉でいただく昔ながらの食べ方はもちろん、中華にしてよし、洋食にしてよし。これは完全な余談だが、風が日に日に冷たさを増し始めた頃の鱧鍋も、大変美味しい。

鱧は皮近くに多くの小骨があるため、調理前に細かく包丁を入れ、これらの骨を断たねばならない。皮一寸に二十五本、つまり約三センチメートルの間に二十五回骨切りをする必要があると言われるほどで、これが腕のいい料理人だと三十回まで切れると教えられたこともある。いずれにしても鱧を食べるには熟練の料理人の腕が常に不可欠——とされたのは、実はもはや昔の話。

数年前の夏、京都一円の食材を扱う卸売市場・京都市中央市場の見学会に参加した。その折、水産エリアの各卸売店舗で盛んに軽快な音を立てていたのは、鱧の骨切り機だった。腹を開かれ、ローラー台に置かれた鱧の上に、まるで人間が包丁を振るっているかのように刃物がシャッシャッと軽やかに下ろされていく。

正直、風情もなにもあったものではない。しかし京都がこれほどに観光され、消費される街に変貌した今となっては、古都の情緒は純粋なる人の力だけでは保てない。京都は京都で在り続けるために、見えざるところで多くの工夫をしているのだとつくづく考えさせられた。

人気は西高東低

ところで明治期に活躍し、石川啄木や北原白秋などに影響を与えた浪漫派詩人・薄田泣菫《すすきだきゅうきん》の随想集の一つに、『太陽は草の香がする』がある。薄田は二十代の終わりから数年間京都に暮らしており、その間に京都を訪れた与謝野鉄幹・晶子夫妻や島村抱月、幸田露伴といった人々との交流などが綴られた楽しい作品だ。

その一篇、「鱧の味」で薄田は、自分は鱧よりも穴子の方が好きだがと前置きしつつも、「京都でたべる鱧の味は、他所のどこでたべるのよりもうまい」と言い、その理由に日本画家・久保田米僊《べいせん》による「京都の水が魚の肉をひきしめる」説を挙げている。

ある時、薄田は京都帝国大学教授だった詩人にして翻訳家、上田敏《びん》の下宿で、英文学者・厨川《くりやがわ》白村《はくそん》と同席した。京都生まれ京都育ちの厨川は東京帝国大学英文科に学んでおり、上田の教えを受けた人物の一人だ。

折しも時分どきとあり、三人はともに膳を囲む。すると上田は出された鱧の焼物を箸で小突き回すようにして、「こいつには此頃すっかり弱らされているんですよ。昼も晩もですからね。いやになっちまいますよ」とぼやき、そのまま鱧を残して席を外した。すると厨川はその隙に、薄田にあなたは鱧が好きかと問うた。そして好きだとの薄田の返答に、「初めて安心したようににっこりしました」。

京都に生まれ育った厨川からすれば、鱧は大変親しみ深い食材。それを師にして先輩の上田が嫌うことに不安を覚え、上田同様、京都出身ではない薄田の意見を乞うたのだろう。

ただ、上田の鱧嫌いも仕方がない。なにせ現在とは異なり、流通が発達していなかった当時、鱧とはあくまで京都・大阪を中心とする関西の食べ物だった。いや、わたし自身の経験としても、鱧が関東でも食べられるようになったのは、ここ二十年ほどの話ではと感じる。

夏目漱石は自身の京都旅行の経験を強く反映した長編『虞美人草』の中で、主人公たちが滞在する宿が頻繁に鱧を食膳に出し、「また鱧を食わせるな。毎日鱧ばかり食って腹の中が小骨だらけだ」とぼやかせている。海に近い環境で育ったかつての東京っ子には、いかにも鱧は食べづらい魚と映ったに違いない。

これは昭和初期の話になるが、陶芸、書道、漆芸、そして美食の分野で名を馳せる京都出身の北大路魯山人《きたおおじろさんじん》は、「鱧・穴子・鰻の茶漬け」という小文の中で、「今、東京にあるはもは、多く関西から運ばれるので、そうたくさんはない」「東京に来ているはもは、関西で食うように美味いわけにはいかぬ。また、東京近海で獲れるはもは、肉がベタベタして論にならぬ」と関東の鱧を散々にこき下ろしている。関東の人間から、「鱧なんて、あんな美味しくないものを」と言われでもしたかと心配になるほどだ。

「鱧の味」の数年後、上田は四十一歳で急逝し、その後を継いで厨川が京都帝大教授となる。味覚とは今も昔も人と人をつなぐもの。厨川はもしかしたらこの後、鱧を見るごとに上田を思い出したかもしれない。

40　愛宕山リゾートへようこそ

思いがけず、仕事がらみで山登りをすると決まった。標高差約七百メートル、往復約十時間の行程に挑む。

普段から登山をなさっている方からすれば、大した行程ではないのだろう。だが自他ともに認める文弱の徒のわたしからすれば、計画表を見るだけで不安がこみ上げる。とはいえ、これも仕事の一環。せめては遅れがちな締め切りをすべて片付け、万全の体調で山に入るしかない。

もっとも、わたしが山と無縁になったのは、大人になってから。京都は三方を山に囲まれているだけに、大小の山に登る機会が案外多い。たとえばわたしが通っていた小学校では、毎年創立記念日になぜか大文字の送り火で知られる東山の大文字山（標高四六六メートル）に登ると決まっていた。年に一度なら少ないぐらいで、近隣には毎月一日、必ず全校生徒で大文字登山をする学校もあった。麓からだいたい一時間で山頂という距離は、子どもの行事にはちょうどよかったのだろう。また大文字山からは京都市内が一望でき、天気がよければ大阪のビル街まで見える。そんな景色を愛してか、毎日、犬の散歩で家族と登る健脚の同級生までいた。時々会う犬の方は、連日の山登りにうんざりしているように見えたけれど。いずれにしても京都の子にとって、登山は馴染みのレクリエーションなのだ。

そんな登山の中でも、京都の大人が進んで我が子を登らせる山が、京都盆地の北西にある。京都市と亀岡市の市境、標高九二四メートルの愛宕山《あたごやま》だ。「愛宕」を冠する地名は、東京港区の愛宕山を筆頭に全国にあるが、これらは京都の愛宕山山頂に鎮座する火伏せの神・愛宕神社の勧請に従って広まったもの。全国愛宕社約九百の本社であるこの神社は、平安時代中期の歴史書『日本三代実録』にもすでに名があり、千年以上昔から人々の信仰を集めていた。

京都では三歳になるまでに愛宕神社に参詣すると、生涯、火事に遭わないという言い伝えがある。またこれは子ども限定の話ではないが、七月三十一日から八月一日にかけての夜に参詣すれば、一回で千日分のご利益があるとも言われることから、三歳参りと千日参りを兼ねて家族全員で登山なさる方も多い。

ただ三歳前となればお子さんはまだ幼いし、自我の芽生えに伴うイヤイヤ期真っただ中。麓から愛宕社までは大人の足でも往復約五時間かかるとあって、途中からお子さんを背負った登山者もよくお見かけする。三歳参りとは、愛宕神社のご利益と子どもの未来を平穏なものにしたいという親御さんの強い願いが合致してこそ、初めて成り立つものなのだ。

わたし自身はといえば、親が案外無関心だったのだろうか。三歳参りには行っていない。その代わりではあるまいが、わたしの周囲には不思議に山好きが多く、昔から愛宕神社の火避《ひよ》けのお札のおすそ分けをよくいただく。読者の皆さまは京都の飲食店の厨房などに、「火廼要慎《ひのようじん》」と書かれたお札がしばしば貼られているのにお気づきではないだろうか。最近では都内の店舗でも時折見かけるようになったあれこそが、愛宕神社のみで授けられる火災避けのお札だ。

なにせ愛宕登山は大文字登山とは異なり、覚悟と支度が少々要る。ゆえに京都市民の間では、愛宕山に登った際、このお札を手土産に持ち帰ると喜ばれる。夏になると京都では祇園祭で授与される厄除けのお守り・粽《ちまき》が同様の用途として飛び交うが、「火迺要慎」のお札は季節を問わず喜ばれるこの地ならではのプチギフトなのだ。

ところで明治末期から昭和初期は、交通網の整備や戦争に伴う好景気などの事情から、市民のレジャー活動が活発になった時期だった。それまで湯治客が主だった温泉地には、旅行目的の客が増加。景勝地の開発や遊園地開業が、都市近郊で相次いだ。大正元年（一九一二）開業の大阪府のひらかたパーク、同十一年開業の東京都・あらかわ遊園、同十五年に開業し、二〇二〇年に惜しまれつつ閉業したとしまえんなど、この時期に生まれた遊園地に親しんだ方も多いはずだ。

そんなレジャーブーム華やかな昭和四年（一九二九）、実は愛宕山一帯にも開発の波が押し寄せた。嵐山から愛宕山麓の清滝、そして清滝から山頂までを電車とケーブルカーで結ぶ愛宕山鉄道が開業し、山内にホテルや遊園地がオープンしたのだ。

夏はテント村、冬はスキー場

嵐山は保津川遊覧船の到着地点。このため鉄道が開通すると、人々はまず保津川の渓流を船で楽しみ、その後、嵐山を観光してから愛宕山に苦労することなく登れるようになった。昭和七年刊行の『大京都誌』によれば、嵐山から清滝、清滝から山上までの所要時間はそれぞれわずか十一分。山頂には夏にはテント村、冬にはスキー場まで設営され、ことにスキー場は関西最大の規模と雪質を誇った。当時の他の史料には、ハイシーズンには大阪からの連絡切符まで売られたとあるので、いかに多くの人々が愛宕山に押し寄せていたかが分かる。一方で前述の千日参りの夜には臨時便も出たというが、今日の千日参りの苦労を知る身としては、そんな楽な参拝方法でいいのか？　とついツッコミたくなる。

ただ太平洋戦争が始まると、愛宕山鉄道は当局から不要不急路線に指定される。京都の私鉄ではこの時、京福電鉄叡山本線など複数の路線が同様とされたが、とりわけ愛宕山鉄道はレジャーの要素が強かったためだろうか。他線が単線化等の措置で済んだ中にあって廃止が命じられ、山上のスキー場やホテルも廃業となった。路線は戦後に至っても営業再開が叶わず、山中には今日、愛宕山遊園地の目玉アトラクションだった飛行塔や駅の痕跡がわずかに点在するばかりだ。

もしいまだ愛宕山鉄道があったなら、三歳参りは家族の気軽なレクリエーションだっただろうし、「火迺要慎」のお札はこれほど喜ばれるお土産ではなかったかもしれない。歴史的な出来事とは、時に実に面白い形で我々の生活を変化させる。

41　京都人は行かない金閣寺

仕事で十数年ぶりに鹿児島県・屋久島に行った。前回は時間と体力の関係で、屋久島でもっとも有名な観光スポット・縄文杉を訪れられなかったのだが、今回は同行くださった方とも相談の上、覚悟を決めて縄文杉トレッキングに挑んだ。

縄文杉は発見されている屋久杉の中で、最大級の老木。標高約千三百メートルの地にそびえるこの木を見るには、大正末期から昭和半ばまで使用された木材運搬用トロッコの軌道跡と険しい山道を、それぞれ片道二時間以上かけて進まねばならない。大人でも相当ハードな行程だ。

前章でもすでに書いた通り、三方が山に囲まれた京都の小学生は、大文字山などの身近な山に行事として登る。似たことはきっと、他の地域でも行われているだろう。それだけにわたしは引率くださった地元ガイドさんに、「島のお子さんたちは小学校や中学校の行事などで、縄文杉トレッキングをするんですか？」とうかがった。だがその返答は意外にも、

「そういうことはないですねえ」

というものだった。

「子どもだけじゃなくって、地元の人間はわざわざ縄文杉を見に行きませんよ。登ったことがあ

る人の方が少ないんじゃないかな？」

（おお、京都の人間と金閣寺の関係と同じだ）

思わずわたしは心の中で呟いた。

同じ観光地でもたとえば清水寺は、近隣に様々な飲食店や大谷本廟・六波羅蜜寺といった市民にとっての宗教施設も多いため、まだ足を延ばす機会がある。また伏見稲荷は有名な千本鳥居の奥が京都一周トレイルのコースに組み込まれていたり、近隣大学運動部員のトレーニングの場になっていたりと、これまた意外に地元民が多い。

それに比べると金閣寺周辺は閑静な住宅地と社寺が接して立つエリアで、市民が「ついでにちょっと」と立ち寄る機会は少ない。市内でもとりわけ観光客の割合が高く、京都の人間には近くて遠い場所なのだ。

金閣寺はすでに江戸時代には、有名観光地の一つとして知られていた。ただ公共交通機関がなかった昔、市内東部の三条大橋近辺に宿屋が集中していたこともあり、北西部に位置する金閣寺は、少々不便な地だった。ゆえに貝原益軒の京都案内本『京城勝覧』にしても、京都の神社仏閣を三日間で回るスピードコースを提案する『京内まいり』にしても、まずは清水寺や知恩院といった東山周辺の観光スポットを、次に東寺や伏見稲荷など洛南方面コースを紹介しており、金閣寺は後回しにされがちだ。ただ、それでもやはり寺としての知名度は高かったらしく、寛延元年（一七四八）に初演された浄瑠璃「仮名手本忠臣蔵」では、大星由良之助《おおぼしゆらのすけ》の妻・お石が倅《せがれ》の許婚《いいなずけ》・小浪に京都見物を勧める場面で、「祇園、清水、知恩院。大仏様御覧じたか。金閣寺拝見あらば、よい伝《つて》があるぞ」と語っており、代表的観光スポットと見なされていたと分かる。

剝落の美

それにしても、お石が言う伝とは何か。少し時代が下がるが、天保十年（一八三九）刊行の『たびまくら』によれば、当時の金閣寺はすでに拝観料二百文と定められており、銭と交換で切手――つまりチケットを受け取って入場するシステムが確立していたという。また金閣寺の中枢たる舎利殿は、ただ池を挟んで眺めるばかりの今日とは異なり、三層の楼閣の一番上まで上がることができた。『京城勝覧』は「閣は導きを以て見るべし」、つまり案内人に従って見学しろと述べているので、しっかり案内してもらえるように口利きが出来るとお石は言いたかったのかもしれない。

この頃の金閣寺は今日のように金で燦然と輝いていたわけではなく、三層の楼閣のところどころにわずかに金箔が残るだけの古色蒼然たる有様だった。現在の金色の姿に生まれ変わるのは、以前にも記した昭和二十五年（一九五〇）の火災と再建、大改修を経て、昭和も終わりになってからだ。

明治期の投稿雑誌「穎才新誌《えいさいしんし》」には、大阪の小林吐月なる人物が金閣寺を訪れた際の経験が投稿されている。それによれば彼が訪れた明治二十七年（一八九四）の入場料は十銭。中では案内人が前に見学していたグループと入れ替わりに吐月たちを招き入れ、各所の説明をしながら見物客たちを楼閣内に導いたという。

――已《すで》ニ数百歳ヲ経ルヲ以テ、所々頽廃《たいはい》スル所アレドモ、金碧熒煌《きんぺきけいこう》、輪奐《りんかん》ノ美、追想スルニ足レリ。

金箔はところどころにしか残っていないものの、吐月はそこにかつての絢爛たる美を重ね見る。この感慨こそ、金閣寺を訪れた当時の人々に共通した感情だったのだろう。ならば江戸・明治期の人々と現代の我々は、まったく異なる「金閣寺」を見ていると言えるだろう。

なお小林吐月の金閣寺参詣の前年、歴史家・評論家の徳富蘇峰は雑誌「家庭雑誌」に、若き日に学び、晩年まで常に敬愛し続けた恩師・新島襄所持の聖書について寄稿した。同志社大学の創設者たる新島の没後、形見として蘇峰が譲り受けたこれは、ほうぼうに書き込みがあるばかりか、長年の使用のせいでカバーはすり切れ、小口に貼られていた金箔も落ちてしまっていた。面白いのはこの金箔にまつわる表現で、「剝落《はくらく》して金閣寺の天井の如く」と蘇峰は記している。蘇峰が京都にいたのは、若き日のわずか四年間。その間に目にした金閣寺の様を鮮明に記憶していた彼が、百数十年後の金閣寺はこんなにピカピカに輝く寺になっていると知れば、どれだけ驚くことか。

それにしても江戸時代以降の金閣寺の有様を見ていくと、この寺について書き記しているのは来訪者ばかりで、京都在住者による記録は少ないと改めて気づかされる。今日の京都市民同様、やはりかつての京都人もなかなか金閣寺には足が向かなかったのかもしれない。寺の姿は大きく変化しても、周辺住民の感情はあまり変わらぬとすれば、その齟齬《そご》もまた一つの興味深い歴史だ。

42　はじめての鎌倉

本書の担当編集者さんたちと、鎌倉および三浦半島に行った。仕事での上京こそ増えたものの、京都生まれ京都育ちのわたしにとって、関東以北はまだまだ未踏の地ばかり。神奈川県は横浜しか知らないと申し上げたところ、「なら、鎌倉とその周辺に行きましょう！」とお誘いいただいた。

品川駅で合流し、車で二時間弱。鎌倉・江の島一帯は、関東圏ではお馴染みの日帰り旅行先。観光客が大変多く、地元住民はひと苦労――という話は、漫画家・いしいひさいち氏のお作で早くに学んでいた。このため覚悟はできていたが、いざ小町通を歩き出せば、予想以上の雑踏にひゃああと声が出た。

「澤田さん、観光地の混雑には慣れているでしょうに」

「さんざんエッセイで書いていますが、京都の観光地に市民は近づきませんからねえ……」

鎌倉と京都は似ている部分が多い。ともに日本の中心だった時期があり、現在はその歴史や伝統を活かした観光地として多くの人々を惹き付けている点、鎌倉なら鶴岡八幡宮、京都なら京都御苑を中心とした街づくりがなされている点などだ。そもそも源頼朝が幕府を開いた当時、地方の武士とはただ生まれ育った地で勢力を広げるのではなく、一度は都に上って皇室や有力貴族との縁故を結び、できれば官位官職を得るのが望ましいと考えられていた。頼朝自身、生まれは現在の愛知県と推測されるが、父・義朝の伝手《つて》もあって早くに京都に上り、十二歳で当時の皇后に仕えて官職を得た。

ゆえに鎌倉幕府の中枢には、京ゆかりの者が多かった。上洛経験のある武士はもちろん、頼朝の懐刀となった官僚・大江広元《おおえのひろもと》、幕府の文書行政システム確立に働いた三善康信《みよしやすのぶ》のように京の官吏だった人材もいたし、頼朝の妹・坊門姫《ぼうもんひめ》の夫である一条能保《よしやす》の如く、しばしば鎌倉を訪れる貴族も珍しくなかった。

これは文化面でも同様で、たとえば今日の日本でもっとも知名度の高い仏師・運慶は、三十代半ばだった文治二年（一一八六）から、鎌倉幕府関連寺院の仏像を多く手掛けている。これらは運慶自身が鎌倉に来て拵《こしら》えたのか、それとも彼の本拠地である奈良で作られた仏像を東国まで運んだのかは両説あり、研究者の間でも結論が出ていない。ただ運慶と同じ一派に属していた仏師・成朝《せいちょう》は間違いなく鎌倉に下り、頼朝発願の寺・勝長寿院の本尊を作っている。鎌倉はそのスタート時から、京都に近しい町だったわけだ。

そもそも鎌倉の中心たる鶴岡八幡宮とて、元は頼朝の高祖父の父・頼義が京都南部の石清水八幡宮を勧請したのが始まりだ。頼朝はこの社を現在の地に移して整備し、幕府の守り神たる地位を与えた。では京都の石清水八幡宮はといえば、これは平安時代初期に行教なる僧が、現在の大分県・宇佐神宮の八幡大菩薩をこの地に勧請したことに遡る。つまり八幡宮の神さまは九州から京へ、京から鎌倉へと、東へ東へと動座を続けたとも言える。

八幡神の使いは鳩と伝えられ、現在の石清水八幡宮一の鳥居や鶴岡八幡宮楼門に掲げられた扁額の「八」の字は、二羽の鳩の意匠で表現されている。忘れてはならない鎌倉銘菓・豊島屋《としまや》の鳩サブレーも、鶴岡八幡宮の鳩をモチーフにしたもの。ただ明治二十七年（一八九四）創業のこの老舗には、鳩サブレーが知られる以前にも鳩にちなんだ菓子があった。それが菓子種で実物大の鳩をかたどった「鳩ポッポ」なる商品だ。といっても中は空洞で、そこに色々なオモチャが詰められていた。中には販売価格よりも高い品が入っていることもあり、くじ引きの要素が面白がられたらしい。

——鎌倉の　おみやめしませ　鳩ポッポ　中に小供が　まめで居ます

大正期にはこんな宣伝歌まで作られていたと、当時の江の島・鎌倉ガイドブックには記されている。

鳩への眼差しの違い

ハト目ハト科に属する鳥は、世界に約三百種生息するという。その中で我々が今日、公園などで見かける鳩は正しくはカワラバト、俗にイエバトともドバトとも呼ばれる種で、本来はヨーロッパや中央アジアなどに住んでいたもの。十世紀に編纂された国語辞典『倭名類聚抄《わみょうるいじゅしょう》』には、すでに「鴿　和名、以倍八止《いえはと》　頸《くび》短ク灰色ノ者ナリ」とあり、日本へはかなり早い時代にやってきたらしい。もっとも『倭名類聚抄』はイエバト（鴿）とヤマバト（鳩）を厳格に区別する一方、

「鳩は種類が多いので、それらをひとまとめにして鳩と呼ぶ」と最終的にはおおざっぱな分類をしている。

鎌倉幕府の正史『吾妻鏡』には、鳩にまつわる不思議な出来事が多く記録されている。たとえば平家滅亡直後の元暦二年(一一八五)四月条には、とある書状の内容として、平家の人々が壇ノ浦にて入水した際、その屋形船の上を二羽の鳩が飛んでいたとのエピソードがある。また建保七年(一二一九)一月二十七日の条には、三代将軍・実朝が将軍御所を出ようとした際、鳩がしきりに囀《さえず》ったと記されている。この夜、実朝は鶴岡八幡宮にて、甥・公暁《くぎょう》の手にかかって落命する。これらの鳩はただの鳥ではなく、八幡神の使いとして描かれていると読むべきだろう。

一方でこの時代の京では、天皇・貴族の間で鳩の飼育が流行っていた。藤原定家は日記『明月記』の中で、承元二年(一二〇八)九月二十七日夜に起きた大内裏・朱雀門の焼失の原因は、門に暮らす鳩を取ろうとした者の松明の火が燃え移ったためらしいと記している。定家によれば、天皇や上皇が鳩を好むため、貴族たちもそれに追従して鳩を飼っていたそうだ。

しかし鎌倉があれほど京都から多くを学ぼうとしたにもかかわらず、『吾妻鏡』に鳩の飼育の逸話はない。どれだけ他に習おうとも、鎌倉と京都ではやはり、鳩への眼差しが違っていたのだろう。そんな齟齬を考えると、あののんびりした鳥を見る目までが少し変わって来る。

43　野ざらし大仏

「お伊勢さんに行った人からのお土産は、やっぱり赤福がいいよね」

とは、わたしの友人が何かの折に漏らした言葉だ。

赤福は言わずと知れた、三重県・伊勢銘菓。近畿日本鉄道（通称・近鉄）が走っているエリアであれば簡単に買えるが、それでも確かに定番のお土産は心が弾む。

知らない街を歩く時も同様で、「ベタやなあ」と思いはしても、まずは定番の観光地を訪れるに如《し》くはない。というわけで、夏の初め、担当編集者さんたちとともに鎌倉を訪れたわたしが、鶴岡八幡宮の次に案内されたのは、「鎌倉大仏」で知られる長谷・高徳院だった。

鎌倉大仏そのものは、写真で何度も見ている。だがいざ境内に足を踏み入れれば、やはり大仏が野ざらしという光景が今一つ腑に落ちない。抜けるような青空を背に結跏趺坐《けっかふざ》を組む大仏を、まじまじ仰いでしまった。

なにせ鎌倉大仏は鎌倉時代、建長四年（一二五二）に鋳造が始まったと推測される古仏。大仏といえば、奈良時代に発願された東大寺・毘盧遮那《びるしゃな》大仏が有名だ。ただ東大寺の大仏は平安時代末期の南都炎上、戦国期の松永久秀による東大寺焼き討ちなどで損傷を受け、今日、目にすることの出来る御像の大部分は江戸時代に修復されたもの。それに比べれば、鎌倉時代から原則的に同じ姿を留めている大仏が露天にあるとは、やはり不思議な気がする。

とはいえ実のところこの像は、建物の中で大切に安置されていた期間より、今のように露坐の形になってからの方がはるかに長い。いや、鎌倉大仏とて完成直後は当然、大仏殿の中にあったのだ。しかしそれからほんの百年ほどで、堂宇は大風で倒壊。文明十八年（一四八六）に鎌倉を訪れた漢詩人・万里《ばんり》集九《しゅうく》は、その詩文集『梅花《ばいか》無《む》尽蔵《じんぞう》』の中で、「無堂宇而露坐突兀《とっこつ》」とすでに大仏殿はなく、現在と同様に露天に大仏が安置されていたと記している。

鎌倉大仏は内部が空洞になっており、現在でも拝観料とは別に五十円を払うと中に入ることが出来る。これは万里集九が参詣した時にも同様だったらしいが、彼は「脱鞋入腹」、つまり履物を脱いで入っている。ほほう、現代よりも仏に対する敬意があったのだなと思いそうになるが、どうもそれは早合点らしい。何となればその後に続く文章には、

――此中、往々にして博奕の者あり。白昼、五白を呼ぶところ也。

と記されている。五白とは要は賭け事のこと。なんと大仏さまの胎内は、時に賭場に用いられていたのだ。人目につかぬ点が重宝されていたのかもしれないが、まったく敬意も何もあったものではない。

ところで鎌倉大仏の有様をかくも赤裸々に記した万里集九は、元は京都・相国寺で修行をした禅僧。都を長い混乱に突き落とすこととなる応仁文明の乱を避けて現在の中部地方に下り、還俗《げんぞく》して妻子を得た異色の経歴の持ち主だ。今日、あまり知名度が高いとは言い難い彼は、あるレジ

ャー分野においては大きな影響を残している。そのレジャーとは、すなわち温泉だ。

京にもあった大仏

ある時、現在の岐阜県・下呂温泉を訪ねた彼は、よほどこの湯が気に入ったらしい。「本邦六十余州、州ごとに霊湯有り。その最たる者は下野《しもつけ》の草津、津陽《しんよう》（摂津の唐名）の有馬、飛州（飛騨）の湯島（下呂）の三処也」——つまり草津・有馬・下呂の三温泉は国内トップスリーの名湯だと、これまた『梅花無尽蔵』に記している。ちなみに上野《こうずけ》と下野を集九は間違えて書いたようだ。

この三か所は現在、日本三名湯として人気を集めているが、集九が関東・関西・中部からそれぞれ一か所ずつバランスよく選んでいるのは興味深い。下呂温泉では二〇一五年八月、そんな集九の遺徳を讃えて、彼の銅像を温泉地の中心に建造しているし、温泉専門の私設博物館・下呂発温泉博物館では、展示品の列に加えるべく、数年前から集九の肖像画を探し求めている。集九を巡る歴史は、今も構築の最中にあるわけだ。

なお彼と同時期に相国寺で修行をしたのが、あの室町水墨画の大家・雪舟等楊《とうよう》。集九より八歳年上の雪舟は、六十二歳だった文明十三年（一四八一）、集九を美濃（岐阜県）に訪《おと》なっている。この際、雪舟は集九のために、明国での修行時代にいた金山寺なる寺を描いた。そればかりか画中をいちいち指し示し、かの地の有様を語って聞かせたと集九は記しており、両人の親交の深さがしのばれる。

ただ若き日に京で出会った彼らは、この後ともに再び都に暮らすことなく、集九は恐らく美濃で、雪舟は周防《すおう》（山口県）で、それぞれ天寿を全うしたらしい。一方で彼らが都を離れる契機となった応仁文明の乱は、幕府の衰退や国内各地の守護・国人《こくじん》——後に戦国武将と呼ばれる存在へと成長する勢力の拡大を許す。

この動乱は長い戦乱の世を経た後、織田信長の跡を継いだ豊臣秀吉の天下統一によって終わる。そんな秀吉は天正十四年（一五八六）、奈良・東大寺の大仏に代わる御像を都に安置せんと、京・洛東に方広寺の建立を発願する。かくして新造された毘盧遮那大仏は木造で、高さ六丈三尺（約十九メートル）。初代の像は完成からほんの一年で、推定マグニチュード七・五の慶長伏見地震により損壊するが、その後も災害等で壊れるたびに、三度にわたって再建され、四代目大仏は火災で焼失する昭和四十八年（一九七三）まで洛東に在り続けた。

今日残る写真を見る限り、四代目の大仏は胸元から頭部だけという不思議な形。構造は初代と同じ木造だったというが、大ぶりな目鼻が威圧的な仏像だ。

わたしは四代目大仏焼失の四年後の生まれなので、当然、この像を見たことはない。鎌倉大仏は建造以来、露天に在る期間の方が長いが、京の大仏は十六世紀から二十世紀までの間、洛東に存在しなかった期間の方が短い。二〇二五年は、初代京の大仏完成から四百三十年。このあたりでそろそろ五代目建立の話が出てもいいと思うのだが、さすがに難しいだろうか。

44　戦争遺跡が語るもの

物事の関心や興味が似ているのだろうか。ある歴史事象が小説になりそうだと調べてみると、先達がとっくに物語にしていたというケースが時々ある。わたしの場合、このカブリが多いのは、吉村昭と新田次郎。ご両人とも敬愛する大先輩なので、興味の方向が似ているとすれば光栄な限り。とはいえ、今の我が身ではお二人に太刀打ちのしようがなく、がっくりと方向転換をする。

担当編集者さんとともに鎌倉を訪れたわたしが次に向かったのは、三浦半島。なにせ神奈川県は東部だけでもずいぶん広い。三浦半島南西部にある新潮社の保養所に一泊し、翌日、横浜方面を回ろうとの計画だった。

この保養所は新田次郎が愛した場所でもあり、ご家族によれば、「三浦に行って来る」と言って出かけることもしばしばだったと聞く。

「新田さんは、『八甲田山死の彷徨』をここで書いたんですよ」

と、合流くださった文芸編集者Kさんが仰るのに、わたしは心底驚いた。

明治三十五年（一九〇二）、極寒の青森県八甲田山で起きた旧陸軍第八師団歩兵第五連隊の遭難事故を描いたこの長編は、言うまでもなく新田次郎の代表作。高倉健主演で映画化された『八甲田山』は、北大路欣也演じる神田大尉の「天は我々を見放した」の名セリフや、体感温度マイナス三十度を下回る現場の過酷なロケの逸話が今なお語り継がれている。しかし今、保養所の玄関から見る三浦の海は穏やかで、陽射しを眩しく反射させている。聞けば三浦半島は一年を通じて過ごしやすい土地で、ことに冬の温暖さは西日本並みという。……こんな太陽がいっぱいの場所で、あの『八甲田山死の彷徨』が書かれたですと⁉　大先達の想像力に、つくづく感嘆させられた。

一方で新田は三浦半島滞在の経験を活かして、彼にしては珍しい少年小説『つぶやき岩の秘密』を刊行している。これは新潮社保養所近辺の海を舞台に、祖父母と暮らす小学生のひと夏の成長物語。ただ主人公が対峙する大人たち、そしてこの地の過去は、太平洋戦争の暗い記憶に塗りつぶされている。

なんとなれば太平洋戦争末期、三浦半島にはアメリカ軍の本土上陸に備えるべく、各種砲台や洞窟陣地、トーチカなどが建造された。主人公である紫郎《しろう》は作中、意図せずそれらに関わるが、この軍事遺構は現在でも沿岸のそこここに放置されたままになっている。

というわけで翌朝、編集者さんたちと海辺を散策すると、切り立った岩山のところどころに、あるいはコンクリ作りの、あるいは手掘りのトンネルが開いている。踏み入れば、フナムシだろうか、無数の黒い小さな影がざっと音を立てて、物陰に隠れる。当然、明かりなぞない。スマホのライトを頼りに奥に進んだものの、トンネルは右に行ったり左に行ったり、あるいは上がったり下がったりと分岐も多い。怖くなって途中で引き返したが、公的な史跡ではないため整備はされていないし、編集者Tさんによれば崩れている箇所もあるという。本当は興味本位で入るべきではないのだろうが、長閑《のどか》と見えた三浦半島沿岸に今なお残る戦争の傷跡に粛然たる思いを抱いた。

吉田山の巨大地下壕計画

ところで東京湾を扼《やく》する三浦半島には、首都防衛の最後の砦としてこれらの施設が作られたが、わたしの暮らす京都にも巨大地下壕を掘る計画があった。その計画地は京都市内北東部、現在の京都大学吉田キャンパスに隣接する小山・吉田山。京都大学の前身たる京都帝国大学が、大学の重要施設を移転させるべく、吉田山の一角に長さ百メートルに及ぶ地下壕建造を立案していたのだ。

計画に関わる土地の契約書や設計図が、つい先年、京都大学文書館から発見された。それによれば工事が始まったのは終戦も間近な昭和二十年（一九四五）七月下旬。京都は比較的戦争被害の少ない街だったが、それでもこの年の六月以降は中規模空襲が立て続き、六月二十六日には上京区を襲った「西陣空襲」で四十名を超える死者が出ていた。もっとも着工から間もなく終戦となったため、工事はすぐさま中断。建造に伴う土地の売買までが白紙に戻され、現在、地下壕予定地だった場所は高台の閑静な住宅街となっている。——と詳しく書けるのは、実は吉田山がわたしの実家のすぐそばで、この地下壕予定地が小学校への通学路の一つだったためだ。もし計画が一年、いや半年早ければ、わたしが慣れ親しんだ一帯も三浦半島沿岸のようになっていたかもしれない。

これは京都に限った話ではないが、戦時中の帝国大学は軍部と深い関わりを持っていた。その一例として京都帝国大学を見れば、当時の理学部教授・荒勝文策《あらかつぶんさく》は海軍の協力の下、原子核分裂技術を用いた兵器――つまり原爆の開発に携わっており、いわば大学は戦争のもうひとつの最前線でもあった。

もっとも大学と軍部は、常に蜜月関係だったわけではない。近代史研究者・冨永望《のぞむ》氏の論考「戦時期京大の軍事協力　工学部と理学部を中心に」によれば、教員の中には学生の動員や予算配分への不満を抱いている者も少なからずいたという。理学部が京都帝大総長に送った意見書には、「イミテーションとテクノロジーのみにて勝利は覚束《おぼつか》なし」との一文がある。最終目標が戦勝にあることを差し引いても、現代の科学技術研究に通じるところがある言葉と感じるのはわたしだけだろうか。

二〇二五年は終戦から八十年。歳月は流れたが、戦争の爪痕はいまだ国内各地に現存している。そして時に遠いものとも、あるいは近いものとも見えるそれらの爪痕は、ほんの少し運命が変わっていたなら、刻まれていた場所はまったく異なっていたかもしれない。それこそが歴史のいたずらであり、我々が今日、歴史を知る意義でもある。

45　八瀬の釜風呂と入浴の陰謀

栄枯盛衰は世の習いというが、観光地である京都では店舗や土産物の興廃が著しい。ちょっと目を離している間に、皆目知らない菓子やグッズが京都土産として人気を博し、「こんなお店あったっけ?」という場所に大行列が生じる。新店舗があれば、閉店する店があるのも当然の理で、百年以上営業していた店舗が暖簾を下ろすケースもしばしばあるのは、長らく親しんでいた身には少々寂しい。

学生の頃、習い事のお稽古場でよく供された菓子に、「かま風呂」なる饅頭があった。柚子風味の白あんか黒糖黒あんが入っており、特徴的なのは雪国のかまくらにも似たその形。実はこれは、洛北・八瀬《やせ》の地の伝統的な蒸し風呂、半円形の竈《かまど》を使った釜（竈）風呂にちなんでいた。ただ「かま風呂」を商っていた店は今から十年以上前に閉店。一度は他の菓子屋に製造販売が引き継がれたとも聞いたが、現在ではそれも中止されているらしい。あの特徴的な形の菓子がもはや食べられないのはとても寂しいが、これもまた有為転変の激しい人の世の宿命だろう。

八瀬の釜風呂は、火を焚いて熱した竈の中に湯気を張り、その中に入って汗をかく仕組み。ひと言でいえばサウナだ。その歴史は古く、すでに安土桃山時代の公家・山科言経《やましなときつね》は、その日記

『言経卿記』の中で「八瀬のカマへ養生に行く」と書き記している。近世には療養目的の施設として人気だったらしく、正徳五年（一七一五）には十六軒もの釜風呂が八瀬にあったと記録されている。現在は明治時代に復元作成されたと推測される釜風呂が京都市指定文化財に登録されているほか、近隣の料理旅館でも入浴体験が可能だ。

安永九年（一七八〇）刊行の『都名所図会』は、八瀬で釜風呂が盛んな理由として、飛鳥時代後期、大海人《おおあま》皇子《のおうじ》（のちの天武天皇）が甥・大友皇子と帝位を争った壬申の乱の際、背中に受けた矢傷をこの地の釜風呂で癒したためと記している。もっとも、奈良時代に編纂された正史『日本書紀』によれば、乱の直前まで奈良県中部・吉野に隠棲していた大海人は、挙兵と同時に現在の三重県に脱出。その後は今の滋賀県と岐阜県の県境――いわゆる関ヶ原近辺に陣を敷いて臣下を戦地に送っており、自らは戦が終わるまで最前線に出ていない。つまり、彼が矢に当たる状況にあったとは考え難いのだ。加えて、大海人は乱の終結後はそのまま奈良の飛鳥京へと引き上げており、仮に怪我を負ったとしてもわざわざ遠回りをして京都に寄る必然性もない。甥を打ち滅ぼし、この国の支配者たる地位を確認した直後となれば、万一養生が必要になったとしても、すぐに動きやすい場所を選んだだろう。とすれば恐らくこれは、十六世紀以降、八瀬の釜風呂の流行に合わせて作られた起源譚と考えた方がよさそうだ。以前にも本書で、行基や空海といった高僧が温泉の発見者に設定されることが多いと書いたが、八瀬の地は同様の起源に天武天皇を選んだと見える。

日本の歴史を繙けば、今日のように沸かした湯に浸かって身体の汚れを落とす入浴法が広まるのは、江戸時代に入ってから。それ以前は湯気で汗を流す蒸し風呂形式が主で、湯に浸かる入浴は自然に湯が湧出する温泉地で行われるものだった。しかもその蒸し風呂も一般家屋に当然に存在したわけではなく、ごく一部の身分の高い者の屋敷や公衆浴場の走りのような施設、はたまた大規模寺院などにしか備えられていなかった。それだけに風呂がある人物の屋敷では、客人を入浴させることがおもてなしの一種とも見なされていた。

風呂に縁ある源一族

平安末期、源頼朝・義経の父である義朝は、平清盛などを相手取った平治の乱で敗走し、現在の愛知県知多郡にいた臣下・長田《おさだ》忠致《ただむね》の元に身を寄せる。しかし忠致はそんな主を裏切るべく、彼に風呂を勧め、寸鉄帯びていない入浴中に義朝を討つ。

なにせ水道もガスもない時代。義朝一人のために水を汲み、湯を沸かすのは、大層手間がかかる行為だ。折しも季節は春とは名ばかりの正月三日、寒風吹きすさぶ中を落ち延びてきた義朝にとって、風呂は何よりありがたい馳走と映っただろうし、そんな手厚いもてなしの裏に隠された陰謀を知った時の絶望はいかばかりかと想像せずにいられない。

実は義朝やその子孫たる鎌倉幕府将軍一族は、不思議に風呂と縁のある一家でもある。源頼朝の嫡男、つまり義朝の孫に当たる鎌倉二代将軍・頼家は、比企氏と北条氏の争いに巻き込まれ、伊豆・修禅寺に幽閉された末、北条氏の手の者によって暗殺された。一説に頼家は風呂で殺害されたとも伝えられ、これが本当とすれば祖父と孫がともに同じ死に方をしたこととなる。

義朝の息子にして、頼家の父である頼朝は幸い、風呂で命の危機には遭っていない。ただ頼朝は建久三年（一一九二）三月、長年、源平の争いに立ち会い続けた後白河法皇が亡くなった際、その追善の一環として、鎌倉で一般庶民を相手に一日百人、全百日間の蒸し風呂を営ませている。

奈良時代に日本に伝来した『仏説温室洗浴衆僧経《ぶっせつうんしつせんよくしゅそうきょう》』、俗に『温室経』と呼ばれる経典によれば、風呂は七病を払い、七福を得るありがたい存在。頼朝はこの世に生きる者たちへそんな善行を施すことで、後白河の後世《ごせ》を弔おうとしたに違いないが、その時、風呂で亡くなった実の父のことはちらりとも思い出さなかったのだろうか。

そもそも後白河法皇は、義朝が敗死した平治の乱における主要人物の一人。歴史に「もし」を言ってもしかたがないが、後白河さえ政治の手綱をしっかり取っていれば、義朝はあのような亡くなり方をしなかったはず。そう思うと歴史小説家としては、頼朝は百人百日の追福の向こうに、亡き父の姿を見ていたのでは、併せて心の中で自分の父をも弔おうとしていたのでは——などと考えてしまうが、真実はどうしても確かめようがない。

46 自首には向かない日

防犯意識の高まりを受けてか、様々な媒体で自宅防犯グッズに関する記事をよく見るようになった。それでふと、以前にも触れた、年代物の看板の連続盗難事件を思い出したが、犯人逮捕の報道は一向に出ないし、お店の前を通ってもあの風情ある看板は戻っていない。返す返すも残念だ。

犯罪は人が少ないところではあまり起こらない。このため長らく日本の中心地だった京都には、古来、盗難にまつわる話が数多い。

歴史上の盗賊として有名な石川五右衛門は、文禄三年（一五九四）に京都・三条河原で処刑された実在の人物。しかし巨大な髷《まげ》にどてら、手にキセルを持った彼が、南禅寺の三門の上で「絶景かな、絶景かな」と言ったとか、「石川や　浜の真砂は　尽くるとも　世に盗人の　種は尽くまじ」との辞世の句を詠んだなどのエピソードは、すべて江戸時代以降、浄瑠璃や歌舞伎などの中で創作されたもの。当時の史料には石川五右衛門なる盗賊が一族郎党と共に死罪に処されたとあるだけで、彼の詳しい生い立ちや盗みの理由は書かれていない。

五右衛門と南禅寺を最初に結び付けたのは、安永七年（一七七八）初演の歌舞伎「楼門五三桐《さんもんごさんのきり》」。

もっとも南禅寺は文安四年（一四四七）の大火と応仁文明の乱で主要伽藍を失っており、五右衛門が生きていた時代に三門は存在しなかった。つまりあえて言えば、これは明らかな設定ミス。わたしがこんなことを書けば、すぐに担当編集および校閲担当さんからツッコミを受ける。だが長年、人口に膾炙《かいしゃ》したイメージとは恐ろしいもので、今日、五右衛門がテレビドラマなどに登場すると、大抵、南禅寺が併せて描かれる。歴史とは事実のみではなく、それを取り巻くイメージがあってこそ人々に語り継がれやすいのかもしれない。

ところで歌舞伎の世界では、市井《しせい》に身を隠す盗賊を主人公とする作品群を「白浪物《しらなみもの》」と呼ぶ。これは古代中国の正史『後漢書』に登場する白波賊《はくはぞく》という盗賊群に由来する言葉で、鎌倉時代に生きた鴨長明は『方丈記』の中で、自分の住まいを「所、河原近ければ、水の難も深く、白波のおそれもさわがし（河原が近いので賀茂川の水害も怖いし、盗人の恐れもある）」と記している。ただ盗賊と書くのではなく、河原・水という言葉にひっかけて白波と記した遊び心が憎らしい。

歌舞伎の「白浪物」は幕末から爆発的に流行するが、とりわけ今日でも知られているのは、河竹黙阿弥作「白浪五人男」こと「青砥稿花紅彩画《あおとぞうしはなのにしきえ》」ではなかろうか。これは大盗賊・日本駄右衛門を頭目とする、弁天小僧、忠信利平、赤星十三郎、南郷力丸の盗賊五人の物語。武家娘に変装した弁天小僧が恐喝をもくろむ三幕目「浜松屋」はことに名高く、「知らざァ言ってきかせやしょう」の名セリフは、石川五右衛門の「絶景かな、絶景かな」以上に有名だ。

五人組の頭目・日本駄右衛門は、十八世紀に生きたこれまた実在の盗賊、通称・日本左衛門、本名・浜島庄兵衛がモデルだ。駄右衛門は「白浪五人男」の中で四十歳だと自称しており、落ち着きある初老の頭目として演じられる。しかし庄兵衛が捕縛された際の史料はその年齢を二十九歳と記しているので、黙阿弥は頭目としての貫禄を出すために、年齢設定を変更したと見える。

中部出身の庄兵衛は、故郷一帯で広く盗みを働き、全国に人相書きが貼り出されるに至った。広島藩の記録『編年雑記』や庄兵衛が生きた時代から数十年後に刊行された『遠州見付宿日本左衛門騒動記』によれば、手下が捕縛され、西国に逃げた彼は、各地に人相書きが回っていることを知り、京都での自首を決意する。だが延享三年（一七四六）十二月二十五日、現在の山口県からはるばる京都奉行所まで出かけた庄兵衛は、年の瀬を控えた奉行所があまりに忙しそうだったので、一旦、自首を諦める。伊勢に向かい、門前の旅籠で年を越した後、再度、京都に移動し、やっと一月六日に自首を決行。すぐさま江戸に送られ、三月に斬首に処せられた。

歴史はくり返す

ところで読者の皆さまの中には、この「年末に自首しようとしたのに、役所の都合で果たせなかった」というくだりに既視感を覚える方もおられるのではなかろうか。そう、二〇一二年の正月元日、日付が変わるや否や報じられて我々の度肝を抜いた、平田信《まこと》オウム真理教元幹部の出頭だ。

爆発物取締罰則違反や逮捕監禁致死罪などによって指名手配された彼は、十六年以上の逃亡の末、二〇一一年の大晦日、東京霞が関の警視庁本部に自首しようとする。しかし対応した機動隊員が取り合わなかったため、歩いて十五分ほど離れた丸の内署に向かい、今度はちゃんと逮捕された。

　実は平田元幹部が逮捕されるまで、わたしは浜島庄兵衛の自首の経緯を、「いくら年末の役所が忙しいからって、そんなはずはないだろう。手配犯がうろうろしていれば、誰かが気づくだろうに」と考えていた。だが細かな事情は異なるにしても、同じく歳末の出頭を目論んだ平成のケースを前にすると、それはただの思い込みと気づかされる。そもそも江戸時代と平成、二つの自首が一旦は失敗に終わったのも、「こんなところに指名手配犯がいるものか」という先入観あればこそではないか。

　現在、交番や警察署の前を通ると、様々な指名手配犯のポスターが貼られているが、我々はそれを目にするとき、「まさか身近にいるはずは」と端《はな》から決めてかかってはいないだろうか。過去とは、そして歴史とは、不思議なほど現在と相似形を描く。年末に出頭を計画し、一度は失敗してしまう指名手配犯は、これからもまた現れるかもしれない。

47 後西天皇の悲劇

先日、わたしが働く大学の研究室で事務机の整理をした。設置からすでに六十年を超える研究室で、担当教官は今の教授で三代目。それだけに一九八〇年のカレンダーがプリントされたマグカップだの誰が誰だか分からない集合写真だのが、いまだあちこちから発掘される。

わたしがひょいと引き出しから取り出した3・5インチフロッピーディスクを見た大学院生が、「なんですか、それ?」と聞いてきた。

「フロッピーディスク……は、知らないですか。そうですよね」

「へええ、これが。名前は聞いていましたが、初めて見ました」

彼は二〇〇〇年、ちょうど3・5インチフロッピーディスクの生産が下火になりつつあった時期の生まれだ。電子製品の栄枯盛衰の激しさは当然知っているが、自分が学生時代に大変世話になった品が完全に過去の遺物になっている事実をつくづく思い知らされた。

古典の中にも、今はまったく使われていない道具類は数え切れないほど登場する。たとえばその一つである「砧《きぬた》」は、東京都内にお住まいの方にとっては世田谷区内の地名としての方がお馴染みかもしれない。これは布製品が手作りだった昔、着物や布を叩いて柔らかくし、光沢を出すのに用いた道具。分かりやすく言えば、布叩き用のトンカチだ。世田谷区砧の地名も、古代、多摩川でさらした布をこの辺りで砧で打ったことから来ていると伝えられる。

叩く部分である太目の円柱に、持ち手に当たる棒を差し込んだ槌《つち》で、布を置いた台を打つ。これらのセットを砧と呼ぶことも、また槌の部分をそう称することもある。

かつては家ごとに存在し、女性が秋の夜長などに打ったこの砧は、実は今日でも、美術品の分野に密かに名を留めている。日本では古くより、中国産の陶磁器を珍重した。ことに鎌倉後期から室町時代、今の浙江《せっこう》省で焼かれた青磁のうち、下部が太目の円柱型、上部がそれより細い円柱型の花生《はないけ》、つまり花瓶は、茶道の興隆の中で形が砧に似ていることから「砧青磁」と名付けられ、最高級青磁として大切にされた。

砧青磁の中で特に名高いのは、現在、大阪府・和泉市久保惣《くぼそう》記念美術館が所蔵する銘「万声《ばんせい》」と、京都の陽明文庫所蔵の銘「千声《せんせい》」。万声は国宝、千声は重要文化財に指定されている。これらは元は徳川将軍家の伝世品だったのが、三代将軍・家光の手を通じて、妹・東福門院和子（御《ご》水尾《みずのお》天皇中宮）の手に渡った。万声・千声の銘は東福門院には義理の息子に当たる後西《ごさい》天皇が、夜更けに千回万回と鳴る砧にちなんで付けたという。

ところで神武天皇から当代まで百二十六代を数える歴代天皇の中で、後西天皇ほど字は単純なのに、読み方の座りが悪い天皇はいないのではなかろうか。江戸時代初期、後水尾天皇の第八皇子として生まれた彼は、本来、天皇になる予定のなかった人物。だが異母兄・後光明天皇が二十二歳の若さで急死し、その養子となっていた弟・高貴宮《あてのみや》（後の霊元天皇）は生後半年の幼さだったため、急遽、弟宮成長までの間の繋ぎとして即位することとなる。当時、彼は十九歳。すでに高松宮家を継いでいたのだが、兄弟の大半が出家していたため、白羽の矢が立ってしまったのだ。

ここで先に説明すれば、我々は歴代天皇を、桓武天皇だの一条天皇だのと呼ぶが、彼らは存命中に「桓武さま」「一条さま」と呼ばれていたわけではない。我々が今、天皇を区別する時に使う名は、死後にその業績などに応じてつけられたもの。桓武天皇の場合は、古代中国の『詩経』から、一条天皇の場合は彼が長く暮らした里内裏《さとだいり》が一条にあったことにちなむ。現在、一般人の大半が、生前に自分の戒名を知らないようなものと説明すれば分かりやすいだろうか。一方で、平安時代の醍醐天皇の御代を理想とし、生前から自分を醍醐帝の後に続く者、つまり後醍醐天皇だと名乗った帝もいるのでややこしい。

たかが院、されど院

加えてますますわかりづらいことに、天皇が譲位し、上皇となることが増えた平安中期以降は、過去の天皇を「〇〇天皇」ではなく、その御座所等にちなんで「〇〇院」と呼ぶ例も増えた。これらはその後長らく、混在して使われていたが、大正時代、政府の方針として「〇〇天皇」に統一された。

さて、後西天皇に話を戻せば、中継ぎとして即位した彼は、十年の治世の後、弟に譲位する。実子を帝にせず、兄とその跡取りの間を引き継いだ業績は、平安時代初期、兄・嵯峨帝とその子・仁明《にんみょう》帝の間に即位し、譲位後は淳和《じゅんな》院、別名・西院《さいいん》を御座所とした淳和帝とよく似ている。

そこで後西は淳和の別号・西院帝にちなんで、後西院と呼ばれるようになった。

ここまで書けばもうお分かりだろう。その後の大正期、院を天皇号から外すことになった時、後西院は「院」を名から取られて「後西」となり、そのまま「後西天皇」となってしまったのだ。ただ本来が西院を御座所にした先達にちなむ名なのだから、ただの「後西」では意味が通らない。たかが、院。されど、院。淳和はと言えば、別号の西院帝ではなく淳和帝の名が採用されたため、「西天皇」とは呼ばれずに済んでいるだけに、後西の由来はますますわかりにくい。

なお現在、京都市西部には西院と呼ばれる地域があり、これはかつてここに淳和帝の御座所・西院があったことにちなむ。当節、その由来はもちろん、正直マイナーな後西天皇という帝の名称を巡る有為転変を知る人は多くはない。ただ砧がそうであるように、すでに忘れ去られた過去の事象を解きほぐしていくと、興味深い逸話に行き当たることも多い。ならば今は誰もが忘れ去った3・5インチフロッピーディスクから、いずれ面白いエピソードが発見される日も来るかもしれない。

48 「みすや針」が繋ぐ鬼平の縁

「学生時代得意だった科目は?」と聞かれると、一番に国語!と答える。ただし註釈が要ることには、書写、つまり書道が採点項目に含まれると、いつも途端に成績がガタ落ちした。

これはわたしが根っからの左利きで、昭和末期や平成初頭の学校では、左利きの生徒でも無理に右で毛筆を持たされたため。そうでなくとも不慣れな筆、しかも右手で道具を使うことにすら慣れていないとあっては、手本通りの字なぞ書けるわけがない。かくして書道がある学期だけ国語の成績は五から三へと急落し、家庭科でもそれと似たことが起きた。料理・染織などは左利きでもさして不便はなかったが、アイロン・布切バサミなど、当時の裁縫道具の中には左手での使用が想定されていないものが多かったためだ。右利きの人には邪魔にならないよう、むかって右側からコードが出ているアイロンは、左利きの者が持つと常に手前にコードが流れる不便な道具へと変わる。一方で縫物をする針は、そのシンプルな構造ゆえに右利きだろうが左利きだろうが不便はない。おかげで運針は今でも好きな手仕事の一つに入る。

今日では忘れ去られがちだが、実は針はかつて、京都を代表する土産物の一つとして人気だった。現在でも京都の街中、三条河原町の交差点を西に入ったところに「みすや針」という針専門店があり、いまのご当主で十八代目。三条通は東海道の西の端とあって、以前は京都の入り口として、旅人相手の旅籠や土産物店がずらりと軒を連ねていた。京都一の旅館街の趣きは、明治十年（一八七七）の鉄道開通以降、現在のＪＲ京都駅前エリアにすっかり奪われてしまったが、往年の賑わいの数少ない名残がこの針専門店というわけだ。

旅といえば、原則、自分の足で歩くものだった江戸時代、小さく、それでいて当時の人々の生活になくてはならなかった針は、土産物として大変重宝された。天和二年（一六八二）から執筆が始まった地誌『雍州府志《ようしゅうふし》』は三条河原町の「翠簾屋《みすや》」の他に、山科の東に池川針屋なる店があったとも記している。また江戸時代初期の京都ガイドブック『京羽二重《きょうはぶたえ》』は三条通界隈の多くの針屋を紹介し、「右之他数多有之略（この他にも多くの店があるが省略する）」と書いている。

そんな中でみすや針はことに知名度が高かったと見え、近松門左衛門は元禄十三年（一七〇〇）初演の浄瑠璃「浦島年代記」で、日本の名産品の一つとしてみすや針を挙げる。他の針よりも針の穴が大きい点が使いやすかったそうだ。ただその名があまりに知られ過ぎたためだろう。やがて「みすや」は一店舗の名称をはるかに超え、質のいい針全般を指すようになったらしい。

幕末の京都・大坂・江戸の風俗を比較した『守貞漫稿』には、「京師御簾屋《みすや》某は針名工とす。故に江戸にても詞に『みすやはりはよろし』云々（京都のみすや針が評判なので、江戸でも針売りは『みすや針はいい針ですよ』と言いながら売り歩く）」とある。我々が現在、絆創膏を指してついバンドエイドと呼ぶ感覚を思い出していただくといいのかもしれない。

ちなみにこの針売りの売り言葉を江戸の風物の一つとして作中に登場させたのが池波正太郎。

鬼の平蔵こと火付盗賊改方・長谷川平蔵を主人公とする『鬼平犯科帳』シリーズの一篇、平蔵がまだ無頼の青年だった頃に親しんだ女と久しぶりの再会を果たす「むかしの女」では、かつての平蔵の情婦が針売りをしていることから、上記の売り言葉が登場する。なお平成元年（一九八九）から二代目・中村吉右衛門主演で大ヒットしたテレビドラマ版では、この情婦を山田五十鈴が演じているので、ぜひそのイメージでかつての美貌の名残を留めた針売りを想像していただきたい。

鬼平のif

ところですっかり池波作品でお馴染みになってしまったこの長谷川平蔵は、ややこしいことに父親も同じ通名・平蔵を使っている。おかげで古い歴史書の中には、この二人の経歴を完全に混同しているものもある。息子の方は火付盗賊改として名を馳せたが、父親は火付盗賊改を経て、京都西町奉行に転任し、それからわずか半年で在職中のまま京都で亡くなった。幕臣にとって京都町奉行は、勘定奉行などにもつながる出世コース。今日では息子の方がはるかに知名度が高いが、火付盗賊改のまま亡くなった息子に比べると、立身出世のスムーズさでは父親の方が先を歩んでいたわけだ。

長谷川父子が生きた当時、京都の朝廷の財政は「口向《くちむき》」と呼ばれる低位の官人が管理し、幕府から派遣される役人がそれらを監視するのが慣例だった。だが代々、世襲で職務に当たる口向に比べ、幕府からの役人は所詮、数年で江戸へと戻っていく。このため、朝廷では口向役人たちの不正が横行していた。

折しも幕府の財政が悪化しつつある最中だけに、江戸側はこの不正を問題視した。「鬼の平蔵」の父・長谷川平蔵宣雄《のぶお》に代わって、新しく西町奉行に着任した山村良旺《たかあきら》は、口向役人たちの不正摘発に動き出す。結果、横領・帳簿の改竄《かいざん》のみならず、御用商人からの収賄など朝廷ぐるみの悪事も発覚し、口向役人の主だった者たちに死罪・遠島を仰せつける大事件となった。

この活躍が評価されたのだろう。山村良旺はその後、能吏として名を上げ、勘定奉行・江戸町奉行と順調な出世を重ねていく。歴史に「もしかして」は口にしても詮なき話だが、もし長谷川平蔵宣雄が早々に亡くなったりしなければ、口向役人摘発の功績は彼のものになっていたかもしれない。だとすれば「鬼の平蔵」も父親の栄達のおかげで、早々に火付盗賊改以上の役職につけた可能性もあるし、そうなると池波正太郎が『鬼平犯科帳』を書きはしなかったことも考えられる。

歴史を丁寧に繙けば、ほんの二、三百年前の江戸時代は思いがけず身近にある。糸を通しやすいみすや針が我々を池波正太郎の元に運んできたように、我々の暮らしは至るところで歴史の糸に細く長くからめとられている。

49　早すぎた慶應義塾京都分校

先日、高校時代の恩師とランチをした。恩師は近々、海外赴任中の娘さんご一家に会いに行くのだが、その際の日本土産に二〇二四年七月から流通が始まった新札三種類を持ってきてほしいと言われているという。なにせ、娘さんご一家の帰国は当分先。ネットニュース等で日本での新札利用開始をご存じでも、異国ではなかなか手に取る機会はないのだから、確かにそれはいい日本土産だ。

とはいえ、わたしなぞはあまり外に出ないこともあり、新千円札・五千円札はともかく、新一万円札にはなかなかお目にかかれなかった。そのせいかこの間もつい一万円札のことを「諭吉」と呼んでしまい、はてこの言い方もいつまで通じるものやらと首をひねった。

福沢諭吉は言うまでもなく明治期を代表する教育者にして、安政五年（一八五八）に起源を持つ慶應義塾大学の創設者。ただ明治七年（一八七四）二月からごく短期間、その慶應義塾の京都分校が存在したことは意外と知られていない。当時、福沢は京都のみならず大阪にも分校を設置しており、こちらでは英書（英文学）・洋算・和算・訳書（翻訳）の四科目が学べる仕組みだった。これに対して京都では和算の教授はなかったので、最初から大阪より小規模な学舎として計画されていたようだ。場所は現在の京都府庁の敷地内だった。

この京都慶應義塾は実際にはほとんど生徒を集めぬまま、わずか一年で閉校となる。遠方にサテライトキャンパスを置く大学は、現在ではさして珍しくない。だが明治も初めの当時では、これはいささか早すぎる計画だったのだろう。大阪分校の方も結局約一年半で閉校しており、大阪・京都ともにその跡地にかろうじて、かつてを示す碑が建てられているばかりだ。

では京都にはまったく福沢の影響が残っていないかといえばさにあらず。福沢は西本願寺・建仁寺・知恩院を舞台に開催された第一回京都博覧会を見物すべく京都を訪れた明治五年五月、京都の小学校を見学している。京都は明治二年、全国に先駆けて各町組《ちょうぐみ》ごとの小学校——つまり今日の学区制小学校を設置しており、福沢はこの制度に大変な感銘を受けたらしい。見学の数日後には「京都学校の記」という小文に、

——民間に学校を設けて人民を教育せんとするは、余輩《よはい》、積年の宿志なりしに、今、京都に来《きた》り、はじめてその実際を見るを得たるは、その悦《よろこび》、あたかも故郷に帰りて知己朋友に逢うが如し。おおよそ世間の人、この学校を見て感ぜざる者は、報国の心なき人というべきなり。

と興奮気味に書き綴っている。

加えてこの折、福沢は京都府参事・槇村正直と面会をし、当時、槇村が始めていた集書院構想に関わることとなる。これは現在の京都府立図書館の前身となる図書館施設で、すでに福沢が京都を訪れる前月には、その運営を担う民間会社・集書会社が三条東洞院交差点の北東に設立されていた。これがやがて府によって公営化されるわけだが、東京における初の官設図書館・書籍館

（国立国会図書館の前身）が出来るのは同年八月なので、京都の集書院を日本初の公立図書館と定義づける見方もある。

もっともこれもまた慶應義塾分校同様、少々時期尚早に過ぎたのだろう。集書院は思いのほか利用者が少なく、明治十五年に閉鎖。それから十数年後、今度は鴨川の東、岡崎の地に新たな図書館が作られ、これが現在も京都府立図書館として存続している。

ところで先ほどの福沢の「京都学校の記」の最末には、当時の彼の居場所と日付が添えられている。

――明治五年申五月六日　京都三条御幸町の旅宿松屋にて　福沢諭吉記
集書会社のあった場所は、三条東洞院。福沢が投宿していた三条御幸町から三条通を西に三百メートルほど進んだ場所なので、福沢は宿への出入りのついでにその建物を目にし得たわけだ。

三条通、メディアの中心地となる

東海道の西の端たる三条通は、旅人相手の旅籠や土産物屋が集まる京都の玄関口とはすでに記した通り。福沢が三条御幸町の旅館に泊まっていたのはまさにその典型と言えるが、時代が江戸から明治に変化すると、これまでとはまったく異なる業種がこの三条一帯に相次いで進出した。それは通信会社と新聞社だ。

明治四年、日本政府はかねて推し進めていた郵便制度を実現させ、東京・京都・大阪に最初の郵便局（当初は郵便役所）を設立する。東京のそれは現在の中央区日本橋一丁目、京都のそれは姉小路通東洞院南西角。姉小路通とは三条通の一本北を走っている道で、その西南ブロックはほとんど三条通に等しい。日本橋と三条通——つまり東海道の東端と西端は、日本の近代化とともに俄然、最先端の通信の拠点に生まれ変わったわけだ。

翌明治五年には、河原町三条のすぐそばに電報を管理する電信局が作られる。これは間もなく京都郵便局近くに移転し、明治二十年には一つの建物に統括される。かくして三条通が最先端の情報の集約地点と化すと、これまた近代化とともに続々と刊行を始めた新聞各紙がこれに目をつけた。三条通近辺に争うように支局を置き、界隈は京都きっての情報基地となった。その大半はすでに移転もしくは閉業し、通信・情報の形も大きく変化した。そんな中で現在も三条御幸町交差点、つまりかつて福沢が泊まった松屋の傍らに往時の姿を留めているのが、旧大阪毎日新聞（現在の毎日新聞）京都支局ビルだ。今は改修され、カフェや劇場の入ったお洒落なビルになっている。なお同じく三条通、烏丸通沿いには京都市指定・登録有形文化財第一号指定を受けた大正十五年（一九二六）竣工の旧京都中央電話局、現在はホテル・飲食店・映画館が入る複合施設も存在する。

在りし日の情報の最先端基地は、形を変えて人々の賑わいの拠点となり、今なお様々な「情報」を発信している。

50　私たちは歴史の道を歩いている

「澤田さんってフットワークが軽いですよね」

とよく言われるが、自分ではその自覚がない。なにせ小説家はパソコンの前で黙々と原稿に向き合うのが仕事なので、出かける時間などなかなか取れない。ただわたしは未知のものに対する好奇心が旺盛で、どれだけ仕事が忙しくとも知らない土地・知らない行事に誘っていただくと、必死に時間を捻出して出かけていく。時間がないので寄り道をしないのが、かえって動きの軽さに映るようだ。

先日もゆえあって、秋田県の男鹿半島に出かけた。民宿の食事があまりに美味しくて、「女性ですべて平らげる方は珍しいですよ」と笑われた。

「お魚がとても美味しくて、つい」

「京都は海から遠いですものねえ」

前にも書いた通り、現代のように冷蔵輸送が広がる以前、京都では海の魚より川の魚を主に食べていた。とはいえ、京都が歴史的に海から遠い街かと言われると、そうとも言い難い。

京都が日本の都となったのは、桓武天皇による「鳴くよ（七九四）鶯、平安京」の遷都から。

今日、『日本紀略』に残る遷都の詔には、「葛野《かどの》の大宮の地は、山川も麗しく、四方《よも》の国の百姓《おおみたから》の参り出で来むことも便」――つまり新しい都は山も川も美しく、各地の人々が来るにも好都合と記されている。ここで注目すべきは「川」の語で、平安時代以降長らく、京都は水運に恵まれた都市だった。

今日の京都では、川といえば整備された底の浅い鴨川が代表的。小船すら往き来できない水深のせいで、京都と水運の関わりは腑に落ちづらいかもしれない。だが京都の街から南に約十キロ、大阪府と京都府の府境にほど近い山崎・淀は、大阪湾に注ぐ淀川に面した地で、かつては平安京の外港として大いに栄えた。京都府北部から流れる桂川、琵琶湖から流れる宇治川、奈良方面から流れる木津川の合流地点でもあるため、瀬戸内や関西各地から運ばれてくる物資がここに集った。

平安遷都から約百四十年後、紀貫之が赴任地・土佐（現在の高知県）から都に戻る道中を綴った『土佐日記』では、年末に船で高知を出た一行は、徳島、大阪府南部と陸づたいに移動し、最終的に山崎で船を降りている。その際、貫之は山崎から川を隔てた石清水八幡宮を伏し拝み、淀川にかかる山崎橋を「うれしきことかぎりなし」と眺めている。遠方からの人々にとって、山崎の港が京都の玄関と見なされていたとよく分かる。

一方で都の内側に目をやれば、桓武天皇は平安京内に幅十二メートルの二本の運河、東堀川・西堀川を開いている。今日の京都では、東堀川の一部がかろうじてわずかな流れを留めているばかり。だが平安京造営に用いられた材木なども、この運河をまず通り、更に更に堀川の水を引き込んだ流れを経て、工事現場まで運ばれた——とは、わたしが市内発掘現場の現地説明会で聞いた話。つまり現在は内陸の街だと見なされがちな京都は、かつてはその内外に豊かな水運を有し、海とつながっていたと考えなおすことが出来る。

歴史を疑え

過去を顧みる時、我々はどうしても現在の視点でそれを眺めがちだ。たとえば古代の交通網について考えようとすると、今日のイメージを頼りに、関西・関東間の移動には太平洋沿岸の道路、いわゆる東海道が主に用いられたと思いはしないだろうか。

確かに江戸時代の東海道五十三次、現在の東海道本線の線路とほぼ等しい道路は、奈良時代から存在した。ただ護岸や架橋技術が拙《つたな》かった古しえ、海際の道に加え、大井川や富士川といった大河が複数ある東海道は、道のりこそ平坦だが、岐阜から長野や群馬を通る内陸ルート・東山道より困難の多い道と見なされていた。ゆえに古代の貴族や国司たちは長らく、東に向かう際は東山道を通るよう定められ、東海道はサブルートに過ぎなかった。

ただ一方で東山道は山が多く、道が険しい。また冬ともなれば、積雪にも苦しめられる。そのため水が少ない冬季などは、定めに反して東海道を行く国司が続出した。『別聚符宣抄《べっしゅうふせんしょう》』という十世紀の法令集には、勝手に東海道を通り、駿河（現在の静岡県）に迷惑をかける国司が多いのでこれを禁じるとのお触れが収録されている。しかしこれが鎌倉時代に入ると、京都・鎌倉間の交通量が急増したこともあり、東海道の道路は一挙に整備が進む。これが我々が知る東海道の淵源となっており、かつてこの道が危険の多い道と見なされていたことは今ではほぼ忘れ去られている。

そういえば貴族の移動がらみで興味深い話として、淀川の西岸、現在の大阪市東淀川区に淡路という場所にまつわるエピソードがある。ここには明治期までは淡路天満宮という神社が存在しており、昌泰四年（九〇一）、大宰権帥《だざいのごんのそち》に左遷された菅原道真が任地に赴くべく淀川を下って来た際、当時は中洲だったこの地を見、「ここが淡路島か」と尋ねたことから、「淡路」と地名がついたというものだ。このエピソードは現在、東淀川区のホームページにまで載っている。

ふむふむ。都暮らしの貴族となれば確かにそんな勘違いをするかも——と思いそうになるが、少し待ってほしい。道真は左遷に先立つ仁和二年（八八六）、讃岐（現在の香川県）国司に着任している。となれば任国に向かう時には当然、淀川を下り、本物の淡路島も見ているはずで、こんな間違いをするわけがない。

つまりこれは平安貴族、更に言えば学者貴族である菅原道真のイメージに乗っかって生まれた作り話。なまじ歴史的事実を踏まえているために真実味があるのが恐ろしい。

結局、歴史を見る上で気を付けるべきは、そこに思い込みや先入観はないか、過去の立場から事実を眺めているかと自問自答することかもしれない。歴史とは時に我々をだましにかかりすらする。しかしその偽りとがっぷり四つに組み合う手段さえ持つことができれば、これほど面白い学びはなかなか他にない。

あとがき

本書は週刊誌「週刊新潮」に二〇二三年十月から約一年間にわたって連載したエッセイ「歴史のしっぽ　古都の歩き方」に、加筆修正を施したものである。一年、五十回に及ぶ連載は、スタート時には途方もない長さと思われた。しかし連載が終わりに近づくにつれ、自分はまだまだ「京都」の一部を切り取っているに過ぎないと気づかされ、焦りすら覚えた。京都の面白さを伝えるべく始めた連載は、わたしにとってもこの街の奥深さを鮮烈に思い知るありがたい機会となった。

実のところ、一年間に住民の四十倍近い数の観光客が訪れる京都は、決して生活に適した街ではない。だが暑さ寒さが厳しく、「京都人はイケズ」とけなされ、観光客と折り合いをつけねばならぬ日々であろうとも、やはり京都には離れがたい魅力がある。そしてその魅力は京都を知れば知るほど深くなり、その学びは我々自身のありかたを問うことにもつながっていく。

なにせ京都は歴史のある地だ。だが、その「歴史」とはいったい何だろう。我々は過去を、歴史を考える瞬間、如何なる眼差しで周囲を計っているかという己自身の横顔に否応なしに対峙させられる。歴史を知るとは自身を知ることであり、だからこそ人はこの日本の歴史が凝縮された観光都市兼地方都市から目を背けることができない。京都が今も昔も多くの人を惹きつけ続ける所以は、まさにここにあるのだろう。

わたしは京都生まれ京都育ちだが、両親は中部地方出身なので、誤解を恐れずに言えば「京都人一世」だ。京都に暮らす人は多いが、たとえば応仁文明の乱の昔から代々京都在住の方、江戸時代から代々京都にお暮らしの方、第二次世界大戦後から、わたしのように親の代から、京都の大学に進学してそのままこの街に暮らし始められた方、定年退職後に京都に移住なさった方……などなど、ひとくちに「京都在住」と言ってもその長さは大きく異なる。そんな様々な京都在住者と観光客を懐深く受け入れる京都は、これから先も多彩な表情で以て多くの人々を魅了し、我々を驚かせ続けるに違いない。

なお本書の連載・執筆に際しては、「週刊新潮」編集部・竹中宏氏、出版部・小林由紀氏に並々ならぬご協力を賜った。また「週刊新潮」連載時、毎回、飄逸《ひょういつ》な挿絵を添えて下さった挿絵画家・村田涼平氏にも心より御礼を申し上げる。

二〇二五年二月

澤田瞳子

初出／週刊新潮
二〇二三年一〇月二六日号〜二〇二四年一〇月二四日号連載
『歴史のしっぽ　古都の歩き方』を書籍化に際し改題
写真提供／アフロ

新潮選書

京都《きょうと》の歩《ある》き方《かた》　歴史《れきし》小説《しょうせつ》家《か》50の視点《してん》

著　者 ……………… 澤田瞳子《さわだとうこ》

発　行 ……………… 2025年3月25日
5　刷 ……………… 2025年8月5日

発行者 ……………… 佐藤隆信
発行所 ……………… 株式会社新潮社
〒162-8711 東京都新宿区矢来町71
電話　編集部 03-3266-5611
　　　読者係 03-3266-5111
https://www.shinchosha.co.jp
シンボルマーク／駒井哲郎
装幀／新潮社装幀室

印刷所 ……………… 大日本印刷株式会社
製本所 ……………… 株式会社大進堂

乱丁・落丁本は、ご面倒ですが小社読者係宛お送り下さい。送料小社負担にてお取替えいたします。価格はカバーに表示してあります。

ISBN978-4-10-603924-9　C0321